泉舜国学诵读

主编　吴水林　吴明广　吴海旭

中国文史出版社

图书在版编目(CIP)数据

泉舜国学诵读 / 吴水林，吴明广，吴海旭主编. --
北京：中国文史出版社，2024. 3

ISBN 978-7-5205-4638-6

Ⅰ. ①泉… Ⅱ. ①吴… ②吴… ③吴… Ⅲ. ①国学-
通俗读物 Ⅳ. ①Z126-49

中国国家版本馆 CIP 数据核字(2024)第 066386 号

责任编辑：薛媛媛　　配图：吴冠中

出版发行：中国文史出版社
社　　址：北京市海淀区西八里庄路 69 号院　　邮编：100142
电　　话：010-81136606　81136602　81136603（发行部）
传　　真：010-81136655
印　　装：郑州印之星印务有限公司
经　　销：全国新华书店
开　　本：787×1092　1/16
印　　张：14　　　　字数：133 千字
版　　次：2024 年 4 月第 1 版
印　　次：2024 年 4 月第 1 次印刷
定　　价：98. 00

《泉舜国学诵读》编委会

前言

中华文化源远流长，生生不息；国学经典灿若繁星，熠熠生辉。穿越历史的星空，与伟大的灵魂相遇，接受文化的熏陶，感悟生命的真谛，汲取生存的智慧，是我们的追求与使命。

“观今宜鉴古，无古不成今。”国学是一门内容包罗万象的学科，万物可用一理贯通，“国学文化”是中华民族独有的传统文化，是对人生智慧的关注和思考。我们构建社会主义和谐社会，促进人与自然、人与人、人与自我关系的和谐发展，也要从中华文化与人生智慧中汲取营养，知天、知人、知己。

习近平总书记曾在中央党校讲话中说道：“要通过研读优秀传统文化书籍，吸收前人在修身处事、治国理政等方面的智慧和经验，养浩然之气，塑高尚人格，不断提高人文素养和精神境界。”

《泉舜国学诵读》是根据泉舜企业所践行国学经典的具体内容，精心编写而成。让读者通过诵读经典，加强文化传承的自觉性和紧迫感，以聪慧、明礼、仁爱、守信、博学的姿态屹立于社会主义新时代，进而受益终身。

四十年前，泉舜创始人从海上丝绸之路的起点泉州，只身来到华夏文明的发源地郑州，历经四十年拼搏奋进，在艰苦卓绝的创业史中，多少个夜晚曾有过“逝者如斯夫，不舍昼夜”的感慨，更多的是“不积跬步，无以至千里”的坚持。有志者事竟成，至今泉舜已成为一家具备高度市场化的价值发现能力与投资运营能力，深耕布局实业、地产、教育、资管等领域的大型多元化产业投资体。

泉舜在发展过程中践行着“穷则独善其身，达则兼济天下”的国学理念，秉持“忠孝仁义爱，温良恭俭让”的企业家风，肩负“泉心立业，润物天下”的初心使命，在创业初期即创办中国第一家民办残疾人教育机构——福建特殊教育职业学院，为数万名残疾人提供教育和就业机会，造福百千万残疾人家庭。伴随着企业的成长和发展，不断投身公益、教育事业，创造近万就业岗位，践行社会责任，并始终以“泉心为你”为宗旨，服务社会、回馈社会，致力于成为受社会尊重的百年企业。

值此泉舜创业四十周年之际，特缮此书，以飨读者。重温国学经典，解读泉舜文化，是为纪念。

目录

弟子规 ………… 1

三字经 ………… 11

千字文 ………… 21

孝　经 ………… 29

朱子治家格言 ………… 43

大　学 ………… 49

中　庸（节选） ………… 63

论　语 ………… 87

道德经 ………… 171

诫子书 ………… 207

少年中国说（节选） ………… 211

弟／子／规

《弟子规》，原名《训蒙文》，是清朝李毓秀所作的三言韵文，约作于康熙年间；后经贾存仁（一说贾有仁）修订改编，命名为《弟子规》。主要列举了为人子弟在家、外出、待人、接物、处世、求学时应有的礼仪规范。

[总叙]

弟子规，圣人训；首孝弟（tì），次谨信；泛爱众，而亲仁；有余力，则学文。

[入则孝]

父母呼，应勿缓；父母命，行勿懒。父母教，须敬听；父母责，须顺承。

冬则温，夏则凊（qìng）；晨则省（xǐng），昏则定。出必告，反必面；居有常，业无变。

事虽小，勿擅为；苟擅为，子道亏。物虽小，勿私藏；苟私藏，亲心伤。

亲所好，力为具；亲所恶（wù），谨为去。身有伤，贻亲忧；德有伤，贻亲羞。亲爱我，孝何难；亲憎我，孝方贤。

亲有过，谏使更；怡吾色，柔吾声。

谏不入，悦复谏；号（háo）泣随，挞（tà）无怨。

亲有疾，药先尝；昼夜侍，不离床。丧三年，常悲咽；居处辨，酒肉绝。丧尽礼，祭尽诚；事死者，如事生。

[出则弟]

兄道友，弟道恭；兄弟睦，孝在中。财物轻，怨何生；言语忍，忿自泯（mǐn）。

或饮食，或坐走；长者先，幼者后。长呼人，即代叫；人不在，己即到。

称尊长，勿呼名；对尊长，勿见（xiàn）能。路遇长，疾趋揖（yī）；长无言，退恭立。骑下马，乘下车；过犹待，百步余。

长者立，幼勿坐；长者坐，命乃坐。尊长前，声要低；低不闻，却非宜。进必趋，退必迟；问起对，视勿移。

事诸父，如事父；事诸兄，如事兄。

[谨]

朝起早，夜眠迟；老易至，惜此时。晨必盥（guàn），兼漱口；便溺（niào）回，辄净手。

冠（guān）必正，纽必结；袜与履，俱紧切（qiè）。置冠服，有定位；勿乱顿，致污秽。

衣贵洁，不贵华；上循分，下称家。对饮食，勿拣择；食适可，勿过则。年方少，勿饮酒；饮酒醉，最为丑。

步从容，立端正；揖深圆，拜恭敬。勿践阈（yù），勿跛（bì）倚；勿箕踞，勿摇髀（bì）。

缓揭帘，勿有声；宽转弯，勿触棱。执虚器，如执盈；入虚室，如有人。事勿忙，忙多错；勿畏难，勿轻略。斗闹场，绝勿近；邪僻事，绝勿问。

将入门，问孰存；将上堂，声必扬。

人问谁，对以名；吾与我，不分明。用人物，须明求；倘不问，即为偷。借人物，及时还；人借物，有勿悭（qiān）。

[信]

凡出言，信为先；诈与妄，奚可焉。话说多，不如少；惟其是，勿佞巧。刻薄语，秽污词；市井气，切戒之。

见未真，勿轻言；知未的（dí），勿轻传。事非宜，勿轻诺；苟轻诺，进退错。凡道字，重且舒；勿急疾，勿模糊。彼说长，此说短；不关己，莫闲管。

见人善，即思齐；纵去远，以渐跻。见人恶，即内省；有则改，无加警。

惟德学，惟才艺；不如人，当自励。若衣服，若饮食；不如人，勿生戚。

闻过怒，闻誉乐；损友来，益友却。闻誉恐，闻过欣；直谅士，渐相亲。

无心非，名为错；有心非，名为恶。

过能改，归于无；倘掩饰，增一辜。

[泛爱众]

凡是人，皆须爱；天同覆，地同载。

行高者，名自高；人所重，非貌高。才大者，望自大；人所服，非言大。

己有能，勿自私；人所能，勿轻訾（zǐ）。勿谄富，勿骄贫；勿厌故，勿喜新。人不闲，勿事搅；人不安，勿话扰。

人有短，切莫揭；人有私，切莫说。道人善，即是善；人知之，愈思勉。扬人恶，即是恶；疾之甚，祸且作。善相劝，德皆建；过不规，道两亏。

凡取与，贵分晓；与宜多，取宜少。将加人，先问己；己不欲，即速已。恩欲报，怨欲忘；抱怨短，报恩长。

待婢仆，身贵端；虽贵端，慈而宽。势服人，心不然；理服人，方无言。

[亲仁]

同是人，类不齐；流俗众，仁者希。果仁者，人多畏；言不讳，色不媚。能亲仁，无限好；德日进，过日少。不亲仁，无限害；小人进，百事坏。

[余力学文]

不力行，但学文；长(zhǎng)浮华，成何人。但力行，不学文；任己见，昧理真。

读书法，有三到；心眼口，信皆要。方读此，勿慕彼；此未终，彼勿起。宽为限，紧用功；工夫到，滞塞通。心有疑，随札记；就人问，求确义。

房室清，墙壁净；几案洁，笔砚正。墨磨偏，心不端；字不敬，心先病。列典籍，有定处；读看毕，还原处。虽有急，卷束齐；有缺损，就补之。非圣书，屏勿视；蔽聪明，坏心志。勿自暴，勿自弃；圣与贤，可驯致。

泉舜新语

《弟子规》推崇的“仁义礼智信”在社会生活和企业经营中都应加以具体运用，它可被视作中国人从知易行难到知行合一过渡的行为准则，也可转化为中国式企业文化的精髓。

泉舜，一个四十年的企业，在成长的道路上不断精进国学，必定受益良多。“凡出言，信为先”，对员工的承诺和对社会所承担的责任从未食言。数十年来，一直用实际行动践行社会责任，这就是力行《弟子规》的具体体现。

泉舜始终把“诚信待人，认真做事，团队协作，用心服务”作为企业发展的十六字方针，来指引企业阔步前行。

三 / 字 / 经

《三字经》，是我国古代历史文明留下的宝贵遗产，是中国的传统启蒙读物，在传统教育中，小孩子们都是通过背诵《三字经》来识字知理的。其取材典范，包括中国传统文化的文学、历史、哲学、天文地理、人伦义理、忠孝节义等，而核心思想又囊括了“仁义诚敬孝”。

【教育】

人之初，性本善。性相近，习相远。苟不教，性乃迁。教之道，贵以专。昔孟母，择邻处。子不学，断机杼。窦燕山，有义方。教五子，名俱扬。养不教，父之过。教不严，师之惰。子不学，非所宜。幼不学，老何为。玉不琢，不成器。人不学，不知义。

【礼孝】

为人子，方少时。亲师友，习礼仪。香九龄，能温席。孝于亲，所当执。融四岁，能让梨。弟于长，宜先知。首孝弟（tì），次见闻。

【名物】

知某数，识某文。一而十，十而百。百而千，千而万。三才者，天地人。三光者，日月星。三纲者，君臣义。父子亲，夫妇顺。

曰春夏，曰秋冬。此四时，运不穷。曰南北，曰西东。此四方，应乎中。曰水火，木金土。此五行，本乎数。曰仁义，礼智信。此五常，不容紊。

稻粱菽（shū），麦黍（shǔ）稷。此六谷，人所食。马牛羊，鸡犬豕（shǐ）。此六畜，人所饲。

曰喜怒，曰哀惧。爱恶（wù）欲，七情具。匏（páo）土革，木石金。丝与竹，乃八音。曰平上，曰去入。此四声，宜调协。

高曾祖，父而身。身而子，子而孙。自子孙，至玄曾。乃九族，人之伦。父子恩，夫妇从。兄则友，弟则恭。长幼序，友与朋。君则敬，臣则忠。此十义，人所同。

【典籍】

凡训蒙，须讲究。详训诂，明句读（dòu）。为学者，必有初。小学终，至四书。

论语者，二十篇。群弟子，记善言。孟子者，七篇止。讲道德，说仁义。作中庸，子思笔。中不偏，庸不易。作大学，乃曾子。自修齐，至平治。孝经通，四书熟。如六经，始可读。

诗书易，礼春秋。号六经，当讲求。有连山，有归藏。有周易，三易详。有典谟（mó），有训诰。有誓命，书之奥。

我周公，作周礼。著六官，存治体。大小戴，注礼记。述圣言，礼乐备。曰国风，曰雅颂。号四诗，当讽咏。诗既亡，春秋作。寓褒贬，别善恶。

三传者，有公羊。有左氏，有穀（Gǔ）梁。经既明，方读子。撮（cuō）其要，记其事。五子者，有荀扬。文中子，及老庄。

[历史]

经子通，读诸史。考世系，知终始。自羲（xī）农，至黄帝。号三皇，居上世。唐有虞（yú），号二帝。相揖逊（xùn），称盛世。夏有禹，商有汤。周文武，称三王。夏传子，家天下。四百载，迁夏社。汤伐夏，国号商。六百载，至纣亡。周武王，始诛纣。八百载，最长久。

周辙东，王纲坠。逞干戈，尚游说（shuì）。始春秋，终战国。五霸强，七雄出。嬴秦氏，始兼并。传二世，楚汉争。高祖兴，汉业建。至孝平，王莽篡。光武兴，为东汉。四百年，终于献。魏蜀吴，争汉鼎。号三国，迄两晋。

宋齐继，梁陈承。为南朝，都金陵。北元魏，分东西。宇文周，与高齐。迨至隋，一土宇。不再传，失统绪。唐高祖，起义师。除隋乱，创国基。二十传，三百载。梁灭之，国乃改。梁唐晋，及汉周。称五代，皆有由。炎宋兴，受周禅。十八传，南北混。辽与金，帝号纷。迨灭辽，宋犹存。至元兴，金绪歇。有宋世，一同灭。并中国，兼戎翟。

九十年，国祚（zuò）废。明太祖，久亲师。传建文，方四祀。迁北京，永乐嗣。迨（dài）崇祯，煤山逝。清太祖，膺景命。靖四方，克大定。至世祖，乃大同。十二世，清祚终。

【学习】

读史者，考实录。通古今，若亲目。口而诵，心而惟。朝于斯，夕于斯。昔仲尼，师项橐（tuó）。古圣贤，尚勤学。赵中令，读鲁论。彼既仕，学且勤。披蒲编，削竹简。彼无书，且知勉。头悬梁，锥刺股。彼不教，自勤苦。

如囊（náng）萤，如映雪。家虽贫，

学不辍。如负薪，如挂角。身虽劳，犹苦卓。苏老泉，二十七。始发愤，读书籍。彼既老，犹悔迟。尔小生，宜早思。

若梁灏（hào），八十二。对大廷，魁多士。彼既成，众称异。尔小生，宜立志。莹八岁，能咏诗。泌七岁，能赋棋。彼颖悟，人称奇。尔幼学，当效之。蔡文姬，能辨琴。谢道韫（yùn），能咏吟。彼女子，且聪敏。尔男子，当自警。唐刘晏，方七岁。举神童，作正字。彼虽幼，身已仕。有为者，亦若是。犬守夜，鸡司晨。苟不学，曷为人。蚕吐丝，蜂酿蜜。人不学，不如物。

幼而学，壮而行。上致君，下泽民。扬名声，显父母。光于前，裕于后。

人遗子，金满籝（yíng）。我教子，惟一经。勤有功，戏无益。戒之哉，宜勉力。

泉舜新语

《三字经》通篇简洁通俗却脍炙人口，在看似浅显的词句中，都蕴含了哪些深刻的道理？为什么古人认为，熟读《三字经》便可知天下事，通圣人礼？而对于现代人来说，《三字经》还有什么教育意义吗？

答案是肯定的。《三字经》不但对于现代人有帮助，对现代人治理企业也有很大的益处。泉舜推崇的“泉文化”中有一条便是“企业三字经”：

企之初，治为善，理相近，业相远。
苟不教，事乃迁，教之道，贵以专。
昔圣贤，择道法，遵天道，法自然。
儒释道，有良方，教做人，名俱扬。
工不教，领导过，教不严，干之惰。
做不学，非所宜，事不学，业何为？
玉不琢，不成器，工不学，不知义。
为人工，方入时，习安全，知礼仪。
当位者，善聚贤，行于义，营当执。
为事者，能知礼，敬于长，宜先知。
泉之心，企之魂，剔无暇，纳百川。
泉心涌，不畏险，力同心，拼敢赢。
泉文化，大有成，创业路，指明灯。
立于身，惠于众，心如是，行准绳。
贵在德，重在育，广博收，学致用。
聚众力，不屈挠，节攀升，共兴荣。

千/字/文

《千字文》出自南朝才子周兴嗣之手。梁武帝让人在王羲之遗墨书迹中拓出了一千个不相重复的字，写在纸片上，因零碎杂乱没有次序，于是梁武帝召周兴嗣说："你才思敏捷，可用此千字给我编一篇韵文出来。"

《千字文》的创作主旨是识字，但因其条理贯通、叙事有序地吟咏了关于天文、博物、社会、历史、伦理、教育等包罗万象的诸方面知识，且结构严简，文采飞扬，对仗工整，协韵流畅，而流传至今、经久不衰。

天地玄黄，宇宙洪荒。日月盈昃（zè），辰宿（xiù）列张。寒来暑往，秋收冬藏。闰余成岁，律吕调阳。云腾致雨，露结为霜。金生丽水，玉出昆冈。剑号巨阙，珠称夜光。果珍李柰（nài），菜重芥姜。海咸河淡，鳞潜羽翔。

龙师火帝，鸟官人皇。始制文字，乃服衣裳（cháng）。推位让国，有虞陶唐。吊民伐罪，周发殷汤。坐朝问道，垂拱平章。爱育黎首，臣伏戎羌。遐迩一体，率宾归王。鸣凤在竹，白驹食场。化被草木，赖及万方。

盖此身发，四大五常。恭惟鞠养，岂敢毁伤。女慕贞洁，男效才良。知过必改，得能莫忘。罔谈彼短，靡恃己长。信使可复，器欲难量。墨悲丝染，诗赞羔羊。景行维贤，克念作圣。德建名立，形端表正。空谷传声，虚堂习听。祸因恶积，福缘善庆。尺璧非宝，寸阴是竞。

资父事君，曰严与敬。孝当竭力，忠则尽命。临深履薄，夙兴温凊。似兰斯馨，如松之盛。川流不息，渊澄取映。

容止若思，言辞安定。笃初诚美，慎终宜令。荣业所基，籍甚无竟。学优登仕，摄职从政。存以甘棠，去而益咏。乐（yuè）殊贵贱，礼别尊卑。上和下睦，夫唱妇随。

外受傅训，入奉母仪。诸姑伯叔，犹子比儿。孔怀兄弟，同气连枝。交友投分，切磨箴规。仁慈隐恻，造次弗离。节义廉退，颠沛匪亏。性静情逸，心动神疲。守真志满，逐物意移。坚持雅操，好爵自縻。

都邑华夏，东西二京。背邙（Máng）面洛，浮渭据泾。宫殿盘郁，楼观飞惊。图写禽兽，画彩仙灵。丙舍旁启，甲帐对楹。肆筵设席，鼓瑟吹笙。升阶纳陛，弁（biàn）转疑星。右通广内，左达承明。既集坟典，亦聚群英。杜稿锺（zhōng）隶，漆书壁经。

府罗将相，路侠（jiā）槐卿。户封八县，家给千兵。高冠陪辇，驱毂（gǔ）振缨（yīng）。世禄侈富，车驾肥轻。策功茂实，勒碑刻铭。磻（Pán）溪伊尹，佐时阿（ē）衡。奄（yǎn）宅曲阜（fù），微旦孰营？桓公匡合，济弱扶倾。绮回汉惠，说（yuè）感武丁。俊乂（yì）密勿，多士寔（shí）宁。晋楚更霸，赵魏困横。假途灭虢（Guó），践土会盟。

何遵约法，韩弊烦刑。起翦（jiǎn）颇牧，用军最精。宣威沙漠，驰誉丹青。九州禹迹，百郡秦并。岳宗泰岱，禅主云亭。雁门紫塞，鸡田赤城。昆池碣（jié）石，巨野洞庭。旷远绵邈（miǎo），岩岫（xiù）杳（yǎo）冥。

治本于农，务兹稼穑（jià sè）。俶（chù）载南亩，我艺黍稷。税熟贡新，劝赏黜陟（zhì）。孟轲敦素，史鱼秉直。庶几中庸，劳谦谨敕。聆音察理，鉴貌辨色。贻厥嘉猷（yóu），勉其祗（zhī）植。省躬讥诫，宠增抗极。殆辱近耻，林皋（gāo）幸即。两疏见机，解组谁逼。索居闲处，沉默寂寥。求古寻论，散虑逍遥。欣奏累遣，戚谢欢招。

渠荷的（dì）历，园莽抽条。枇杷晚翠，梧桐蚤（zǎo）凋。陈根委翳（yì），落叶飘摇。游鲲独运，凌摩绛霄。耽读玩市，寓目囊箱。易輶攸畏，属耳垣墙。具膳餐饭，适口充肠。饱饫（yù）烹宰，饥厌糟糠。亲戚故旧，老少异粮。妾御绩纺，侍巾帷房。纨（wán）扇圆洁，银烛炜（wěi）煌。昼眠夕寐，蓝笋（yún）象床。弦歌酒宴，接杯举觞。矫手顿足，悦豫且康。嫡后嗣续，祭祀烝（zhēng）尝。稽颡（qǐ sǎng）再拜，悚惧恐惶。笺牒简要，顾答审详。骸垢想浴，执热愿凉。驴骡犊特，骇跃超骧（xiāng）。诛斩贼盗，捕获叛亡。

布射僚丸，嵇琴阮啸。恬笔伦纸，钧巧任钓。释纷利俗，并皆佳妙。毛施淑姿，工颦妍笑。年矢每催，曦晖朗曜（yào）。璇玑悬斡，晦魄（bà）环照。指薪修祜，永绥吉劭（shào）。矩步引领，俯仰廊庙。束带矜庄，徘徊瞻眺。孤陋寡闻，愚蒙等诮（qiào）。

谓语助者，焉哉乎也。

泉舜新语

中国的古代文明是浩瀚灿烂的，而这篇千字之文也是广博庞杂的，它精确地将一个文明史完整地浓缩在了一篇文章当中，其内涵之深邃可想而知。

企业文化，是素质文化，是管理文化，更是当今企业所致力的，但大多流于形式和停留于口号。所谓文化影响管理，其实就是影响人心，所以企业文化的核心是“人心”。以人为本，以人为中心，关心人，重视人，尊重人，为人的全面发展和价值实现创造条件。

文化播种的是一种观念，培育的是一种行为，从而收获一种结果；只有从灵魂深处闹革命，才能解决人们的观念、感情、情绪、态度方面的问题，那就要靠企业文化。

泉舜文化之“企业精神”——会拼敢赢，在创始人的身上体现得淋漓尽致，无须用多高尚的词语来形容，只从点滴的小事儿中便可窥知一二。

有句话，泉舜人尽知——“勠力同心，兴企旺己”。这是创始人提出的，是企业和员工的共同目标，也是企业对员工的激励和承诺。实际行动方面确实尝试了很多方法，甚至拿出经营成果共同分享，真正地实现了有福同享有难同当，让员工做企业真正的主人，并使其个人价值得到最大的彰显。这就是凝聚人心，人心所向，所向披靡，人心所向，众望所归。泉舜人靠着创业的初心和四十年坚持不懈的守望与创新，铸就了今日成就，“泉文化”功不可没。

孝经

《孝经》是儒家十三经之一，是阐述孝道与孝治的儒家书经。《孝经》相传为孔子所作，又说为孟子或孟子门人所作。书中提出了“夫孝，天之经也，地之义也，人之行也”。

【开宗明义章第一】

仲尼居，曾子侍。子曰："先王有至德要道，以顺天下，民用和睦，上下无怨。汝知之乎？"

曾子避席曰："参不敏，何足以知之？"

子曰："夫孝，德之本也，教之所由生也。复坐，吾语汝。

"身体发肤，受之父母，不敢毁伤，孝之始也；立身行道，扬名于后世，以显父母，孝之终也。

"夫孝，始于事亲，中于事君，终于立身。《大雅》云：'无念尔祖？聿（yù）修厥德！'"

【天子章第二】

子曰："爱亲者，不敢恶于人；敬

亲者，不敢慢于人。爱敬尽于事亲，而德教加于百姓，刑于四海，盖天子之孝也。《甫刑》云：‘一人有庆，兆民赖之。’”

【诸侯章第三】

“在上不骄，高而不危；制节谨度，满而不溢。高而不危，所以长守贵也；满而不溢，所以长守富也。富贵不离其身，然后能保其社稷，而和其民人。盖诸侯之孝也。《诗》云：‘战战兢兢，如临深渊，如履薄冰。’”

【卿大夫章第四】

“非先王之法服，不敢服；非先王之法言，不敢道；非先王之德行，不敢行。是故，非法不言，非道不行；口无择言，身无择行；言满天下无口过，行满天下无怨恶。三者备矣，然后能守其宗庙。盖卿大夫之孝也。《诗》云：‘夙夜匪解（xiè），以事一人。’”

【士章第五】

“资于事父以事母，而爱同；资于事父以事君，而敬同。故母取其爱，而君取其敬，兼之者父也。故以孝事君，则忠；以敬事长，则顺。忠顺不失，以事其上，然后能保其禄位，而守其祭祀。盖士之孝也。《诗》云：‘夙兴夜寐，无忝（tiǎn）尔所生。’”

【庶人章第六】

“用天之道，分地之利，谨身节用，以养父母，此庶人之孝也。故自天子至于庶人，孝无终始，而患不及者，未之有也。”

【三才章第七】

曾子曰：“甚哉！孝之大也。”子曰：“夫孝，天之经也，地之义也，民之行也。天地之经，而民是则之。则天之明，因地之利，以顺天下。是以其教不肃而成，其政不严而治。先王见教之可以化民也，是故先之以博爱，而民莫遗其亲；陈之以德义，而民兴行；先之以敬让，而民不争；导之以礼乐，而民和睦；示之以好恶，而民知禁。《诗》云：‘赫赫师尹，民具尔瞻。’”

【孝治章第八】

子曰：“昔者明王之以孝治天下也，不敢遗小国之臣，而况于公、侯、伯、子、男乎？故得万国之欢心，以事其先王。

“治国者不敢侮于鳏（guān）寡，而况于士民乎？故得百姓之欢心，以事其先君。治家者不敢失于臣妾，而况于妻子乎？故得人之欢心，以事其亲。

“夫然，故生则亲安之，祭则鬼享之。是以天下和平，灾害不生，祸乱不作。故明王之以孝治天下也如此。《诗》云：

‘有觉（gù）德行，四国顺之。’”

【圣治章第九】

曾子曰：“敢问圣人之德，无以加于孝乎？”

子曰：“天地之性，人为贵；人之行，莫大于孝，孝莫大于严父，严父莫大于配天，则周公其人也。昔者，周公郊祀后稷以配天，宗祀文王于明堂以配上帝；是以四海之内，各以其职来祭。夫圣人之德，又何以加于孝乎？

“故亲生之膝下，以养父母日严。圣人因严以教敬，因亲以教爱。圣人之教，不肃而成，其政不严而治，其所因者，本也。父子之道，天性也，君臣之义也。父母生之，续莫大焉；君亲临之，厚莫重焉。

“故不爱其亲而爱他人者，谓之悖德；不敬其亲而敬他人者，谓之悖礼。以顺则逆，民无则焉。不在于善，而皆在于凶德，虽得之，君子不贵也。

“君子则不然，言思可道，行思可乐，德义可尊，作事可法，容止可观，进退可度，以临其民。是以其民畏而爱之，则而象之；故能成其德教，而行其政令。《诗》云：‘淑人君子，其仪不忒(tè)。’”

【纪孝行章第十】

子曰：“孝子之事亲也，居则致其敬，养则致其乐，病则致其忧，丧则致其哀，祭则致其严。五者备矣，然后能事亲。事亲者，居上不骄，为下不乱，在丑不争。居上而骄则亡，为下而乱则刑，在丑而争则兵。三者不除，虽日用三牲之养，犹为不孝也。”

【五刑章第十一】

子曰：“五刑之属三千，而罪莫大于不孝。要(yāo)君者无上，非圣人者无法，非孝者无亲，此大乱之道也。”

【广要道章第十二】

子曰：“教民亲爱，莫善于孝；教民礼顺，莫善于悌；移风易俗，莫善于乐；安上治民，莫善于礼。礼者，敬而已矣。故敬其父则子悦，敬其兄则弟悦，敬其君则臣悦，敬一人而千万人悦。所敬者寡，而悦者众，此之谓要道也。”

【广至德章第十三】

子曰：“君子之教以孝也，非家至而日见之也。教以孝，所以敬天下之为人父者也；教以悌，所以敬天下之为人兄者也；教以臣，所以敬天下之为人君者也。《诗》云：‘恺悌君子，民之父母。’非至德，其孰能顺民如此其大者乎！”

［广扬名章第十四］

子曰："君子之事亲孝，故忠可移于君；事兄悌，故顺可移于长；居家理，故治可移于官。是以行成于内，而名立于后世矣！"

［谏诤章第十五］

曾子曰："若夫慈爱、恭敬、安亲、扬名，则闻命矣。敢问子从父之令，可谓孝乎？"

子曰："是何言与！是何言与！昔者天子有争臣七人，虽无道，不失其天下；诸侯有争臣五人，虽无道，不失其国；大夫有争臣三人，虽无道，不失其家；士有争友，则身不离于令名；父有争子，则身不陷于不义。故当不义，则子不可以不争于父，臣不可以不争于君。故当不义则争之。从父之令，又焉得为孝乎！"

【感应章第十六】

子曰："昔者明王事父孝，故事天明；事母孝，故事地察；长幼顺，故上下治。天地明察，神明彰矣。故虽天子，必有尊也，言有父也；必有先也，言有兄也；宗庙致敬，不忘亲也；修身慎行，恐辱先也。宗庙致敬，鬼神著矣。孝悌之至，通于神明，光于四海，无所不通。《诗》云：'自西自东，自南自北，无思不服。'"

【事君章第十七】

子曰："君子之事上也，进思尽忠，退思补过，将顺其美，匡救其恶，故上下能相亲也。《诗》云：'心乎爱矣，遐不谓矣。中心藏之，何日忘之。'"

【丧亲章第十八】

子曰："孝子之丧亲也，哭不偯(yǐ)，礼无容，言不文，服美不安，闻乐不乐，食旨不甘，此哀戚之情也。三日而食，教民无以死伤生，毁不灭性，此圣人之政也。丧不过三年，示民有终也。为之棺、椁（guǒ）、衣、衾（qīn）而举之，陈其簠簋(fǔ guǐ)而哀戚之；擗(pǐ)踊哭泣，哀以送之；卜其宅兆，而安措之；为之宗庙，以鬼享之；春秋祭祀，以时思之。生事爱敬，死事哀戚，生民之本尽矣，死生之义备矣，孝子之事亲终矣。"

泉舜新语

“夫孝，始于事亲，中于事君，终于立身。”所谓孝，最初是从侍奉父母开始，然后效力于国家，最终建功立业，功成名就。

泉舜创始人白手起家，远离家乡，无法伴父母左右随侍，然四十载耕耘，建功立业，铸就“中国驰名商标”——泉舜，这即是对父母最大的孝。

泉舜自创立之初，就勇担社会责任，投身公益事业。百年大计，教育为本！受爱国华侨陈嘉庚先生办学兴教的感召，先后创办福建特殊教育职业学院和厦门东海职业技术学院，既为特殊社会群体提供学习就业机会，还培养了高层次技能人才，为服务国家经济转型升级、实现高等教育大众化发挥基础作用，形成具有泉舜特色的助人、育人、用人的公益之路！

孝敬自己的父母为小孝，孝敬爱人的父母为中孝，孝敬亲朋好友的父母为大孝，孝敬天下苍生的父母为智孝。

泉舜创始人不仅自己在示范行孝，还能老吾老以及人之老，带领全体员工孝行天下，不断在扶贫助学、民生和抗震救灾等公益事业方面贡献力量。

朱子治家格言

《朱子治家格言》又名《朱子家训》，作者朱柏庐。本书精辟地阐明了修身治家之道，是一篇家教名著，其中，许多内容弘扬了中华民族的优良传统，如居身质朴、教子有方、勤俭持家、邻里和睦等，为历代儒客尊崇。

黎明即起，洒扫庭除，要内外整洁。既昏便息，关锁门户，必亲自检点。一粥一饭，当思来处不易。半丝半缕，恒念物力维艰。宜未雨而绸缪，毋临渴而掘井。自奉必须俭约，宴客切勿流连。器具质而洁，瓦缶胜金玉。饮食约而精，园蔬胜珍馐。勿营华屋，勿谋良田。

三姑六婆，实淫盗之媒。婢美妾娇，非闺房之福。童仆勿用俊美，妻妾切忌艳妆。祖宗虽远，祭祀不可不诚。子孙虽愚，经书不可不读。居身务期质朴，教子要有义方。勿贪意外之财，勿饮过量之酒。

与肩挑贸易，勿占便宜。见贫苦亲邻，须多温恤。刻薄成家，理无久享。伦常乖舛（chuǎn），立见消亡。兄弟叔侄，须分多润寡。长幼内外，宜法肃辞严。听妇言，乖骨肉，岂是丈夫？重资财，薄父母，不成人子。嫁女择贤婿，毋索重聘。娶媳求淑女，毋计厚奁（lián）。

见富贵而生谗容者，最可耻。遇贫穷而作骄态者，贱莫甚。居家戒争讼，讼则终凶。处世戒多言，言多必失。勿恃势力而凌逼孤寡，勿贪口腹而恣杀生禽。乖僻自是，悔误必多。颓惰自甘，家道难成。狎昵（xiá nì）恶少，久必受其累。屈志老成，急则可相依。轻听发言，安知非人之谮（zèn）诉，当忍耐三思。因事相争，安知非我之不是，须平心暗想。

施惠勿念，受恩莫忘。凡事当留余地，得意不宜再往。人有喜庆，不可生妒忌心。人有祸患，不可生喜幸心。善欲人见，不是真善。恶恐人知，便是大恶。见色而起淫心，报在妻女。匿怨而用暗箭，祸延子孙。

家门和顺，虽饔飧（yōng sūn）不继，亦有余欢。国课早完，即囊橐（náng tuó）无余，自得至乐。读书志在圣贤，为官心存君国。守分安命，顺时听天。为人若此，庶乎近焉。

泉舜新语

治家有道，治企有方。泉舜汲取圣贤之能量，结合企业发展实际，锤炼出一支专业管理团队，创立了具有泉舜特色的管理模式——可持续高绩效团队工作模式，形成了泉舜宝贵的精神文化财富。

打造可持续高绩效团队工作模式，团队要具备共享愿景的能力、高效沟通的能力、处理复杂问题的能力。三种能力缺一不可，共同组成高绩效团队核心能力。具备这样的能力，才能敏捷应对内外部变化，快速传播内外信息，有效整合内外资源，持续满足内外需求，做到企业和谐通畅，上下同欲，内外同心，协同合作，共创价值。

在实际工作中，泉舜正是把这种治家之道运用在治企上，把员工当亲人，把客户当朋友，遵循可持续高绩效团队工作模式，取得了一个又一个佳绩。

大学

《大学》原是《小戴礼记》第四十二篇，相传为春秋战国时期曾子所作，实为秦汉时儒家作品，是一部中国古代讨论教育理论的重要著作。

《大学》提出“在明明德，在亲民，在止于至善”三个纲领和“格物、致知、诚意、正心、修身、齐家、治国、平天下”八个条目。全文分十一章，首章是经文，以下十章为解释经文的《传》。

【第一章】

大学之道，在明明德，在亲民，在止于至善。

知止而后有定，定而后能静，静而后能安，安而后能虑，虑而后能得。物有本末，事有终始。知所先后，则近道矣。

古之欲明明德于天下者，先治其国；欲治其国者，先齐其家；欲齐其家者，先修其身；欲修其身者，先正其心；欲正其心者，先诚其意；欲诚其意者，先致其知。

致知在格物。物格而后知至，知至而后意诚，意诚而后心正，心正而后身修，身修而后家齐，家齐而后国治，国治而后天下平。

自天子以至于庶人，壹是皆以修身为本。其本乱而末治者否矣。其所厚者薄，而其所薄者厚，未之有也。

《康诰》曰：“克明德。”

《大甲》曰：“顾諟（shì）天之明命。”

《帝典》曰：“克明峻德。”

皆自明也。

右《传》之首章，释明明德。

【第二章】

汤之《盘铭》曰：“苟日新，日日新，又日新。”

《康诰》曰：“作新民。”

《诗》曰：“周虽旧邦，其命惟新。”

是故君子无所不用其极。

右《传》之二章，释新民。

【第三章】

《诗》云："邦畿（bāng jī）千里，惟民所止。"

《诗》云："缗（mín）蛮黄鸟，止于丘隅。"

子曰："于止，知其所止，可以人而不如鸟乎？"

《诗》云："穆穆文王，於缉熙敬止！"为人君，止于仁；为人臣，止于敬；为人子，止于孝；为人父，止于慈；与国人交，止于信。

《诗》云："瞻彼淇澳（yù），菉竹猗猗。有斐君子，如切如磋，如琢如磨。瑟兮僩（xiàn）兮，赫兮喧兮。有斐君子，终不可諠（xuān）兮！""如切如磋"者，道学也。"如琢如磨"者，自修也。"瑟兮僩兮"者，恂栗也。"赫兮喧兮"者，威仪也。"有斐君子，终不可諠兮"者，道盛德至善，民之不能忘也。

《诗》云："於戏，前王不忘！"

君子贤其贤而亲其亲，小人乐其乐而利其利，此以没世不忘也。

右《传》之三章，释止于至善。

【第四章】

子曰："听讼，吾犹人也。必也使无讼乎！"无情者不得尽其辞。大畏民志，此谓知本。

右《传》之四章，释本末。

【第五章】

此谓知本，此谓知之至也。

右《传》之五章，盖释格物、致知之义，而今亡矣。闲尝窃取程子之意以补之曰："所谓致知在格物者，言欲致吾之知，在即物而穷其理也。盖人心之灵莫不有知，而天下之物莫不有理，惟于理有未穷，故其知有不尽也，是以《大学》始教，必使学者即凡于天下之物，莫不因其已知之理而益穷之，以求至乎其极。

“至于用力之久，而一旦豁然贯通焉，则众物之表里精粗无不到，而吾心之全体大用无不明矣。此谓物格，此谓知之至也。”

【第六章】

所谓诚其意者，毋自欺也。如恶恶臭，如好好色，此之谓自谦。故君子必慎其独也。

小人闲居为不善，无所不至，见君子而后厌然，掩其不善，而著其善。人之视己，如见其肺肝然，则何益矣。此谓诚于中，形于外，故君子必慎其独也。

曾子曰：“十目所视，十手所指，其严乎！”富润屋，德润身，心广体胖，故君子必诚其意。

右《传》之六章，释诚意。

【第七章】

所谓修身在正其心者，身有所忿懥，则不得其正；有所恐惧，则不得其正；有所好乐，则不得其正；有所忧患，则不得其正。心不在焉，视而不见，听而不闻，食而不知其味。此谓修身在正其心。

右《传》之七章，释正心修身。

【第八章】

所谓齐其家在修其身者，人之其所亲爱而辟焉，之其所贱恶而辟焉，之其所畏敬而辟焉，之其所哀矜而辟焉，之其所敖惰而辟焉。故好而知其恶，恶而知其美者，天下鲜矣。故谚有之曰："人莫知其子之恶，莫知其苗之硕。”此谓身不修不可以齐其家。

右《传》之八章，释修身齐家。

【第九章】

所谓治国必先齐其家者，其家不可教而能教人者，无之。故君子不出家而成教于国。孝者，所以事君也；弟者，所以事长也；慈者，所以使众也。

《康诰》曰：“如保赤子。”心诚求之，虽不中不远矣。未有学养子而后嫁者也。

一家仁，一国兴仁；一家让，一国兴让；一人贪戾，一国作乱。其机如此。此谓一言偾事，一人定国。

尧、舜帅天下以仁，而民从之。桀、纣帅天下以暴，而民从之。其所令反其所好，而民不从。是故君子有诸己而后求诸人，无诸己而后非诸人。所藏乎身不恕，而能喻诸人者，未之有也。故治国在齐其家。

《诗》云:“桃之夭夭,其叶蓁(zhēn)蓁。之子于归,宜其家人。”宜其家人,而后可以教国人。《诗》云:“宜兄宜弟。”宜兄宜弟,而后可以教国人。《诗》云:“其仪不忒,正是四国。”其为父子兄弟足法,而后民法之也。此谓治国在齐其家。

右《传》之九章,释齐家治国。

[第十章]

所谓平天下在治其国者,上老老而民兴孝,上长长而民兴弟,上恤孤而民不倍,是以君子有絜矩之道也。

所恶于上,毋以使下;所恶于下,毋以事上;所恶于前,毋以先后;所恶于后,毋以从前;所恶于右,毋以交于左;所恶于左,毋以交于右;此之谓絜矩(xié jǔ)之道。

《诗》云："乐只君子，民之父母。"民之所好好之，民之所恶恶之，此之谓民之父母。

《诗》云："节彼南山，维石岩岩。赫赫师尹，民具尔瞻。"有国者不可以不慎，辟则为天下僇矣。

《诗》云："殷之未丧师，克配上帝。仪监于殷，峻命不易。"道得众，则得国；失众，则失国。

是故君子先慎乎德。有德此有人，有人此有土，有土此有财，有财此有用。德者本也，财者末也。外本内末，争民施夺。是故财聚则民散，财散则民聚。是故言悖而出者，亦悖而入；货悖而入者，亦悖而出。

《康诰》曰："惟命不于常。"道善则得之，不善则失之矣。

《楚书》曰："楚国无以为宝，惟善以为宝。"

舅犯曰："亡人无以为宝，仁亲以

为宝。"

《秦誓》曰："若有一个臣，断断兮无他技，其心休休焉，其如有容焉。人之有技，若己有之；人之彦圣，其心好之，不啻(chì)若自其口出，实能容之，以能保我子孙黎民，尚亦有利哉！人之有技，媢（mào）嫉以恶之；人之彦圣，而违之俾不通，实不能容，以不能保我子孙黎民，亦曰殆哉！"

唯仁人放流之，迸诸四夷，不与同中国。此谓唯仁人为能爱人，能恶人。见贤而不能举，举而不能先，命也；见不善而不能退，退而不能远，过也。好人之所恶，恶人之所好，是谓拂人之性，灾必逮夫身。是故君子有大道，必忠信以得之，骄泰以失之。

生财有大道，生之者众，食之者寡，为之者疾，用之者舒，则财恒足矣。仁者以财发身，不仁者以身发财。未有上好仁而下不好义者也，未有好义其事不终者也，未有府库财非其财者也。

孟献子曰："畜马乘不察于鸡豚，伐冰之家不畜牛羊；百乘之家不畜聚敛之臣。与其有聚敛之臣，宁有盗臣。"

此谓国不以利为利，以义为利也。长国家而务财用者，必自小人矣。彼为善之，小人之使为国家，灾害并至。虽有善者，亦无如之何矣！此谓国不以利为利，以义为利也。

右《传》之十章，释治国平天下。凡《传》十章，前四章统论纲领指趣，后六章细论条目功夫。其第五章乃明善之要，第六章乃诚身之本，在初学尤为当务之急，读者不可以其近而忽之也。

泉舜新语

作为古代修身、齐家、治国、平天下的范本,《大学》开篇的三大纲领“在明明德，在亲民，在止于至善”直至今天，仍启示着我们。从创业角度，我们领悟到，做企业就要做一个能够启蒙自我、启蒙员工从而共同走向至善之地的企业，于是我们致力于追求“企业之道，在精品，在精英，在基业长青”。

泉舜人以“守正出奇，泉心至善”为行为操守。正者，正心也，所谓正己先正心，一切法皆由心生；“奇者，创新也”，所谓“道在日新，艺也须日新，新者生机也”。这是企业之道的诠释：守正——修身养德；泉心——与人为善；出奇——追求创新。这是企业的“座右铭”，更是企业行为的道德准则。

从一句话，到一个座右铭，再到企业的行为准则；从萌发，到涓流，再到江河湖海，泉舜人始终坚守“泉心为你、舜业天下”的使命，始终坚守“责任、创新、专业、协作”的核心价值观，始终坚持不断创新、突破自我、追求完美的发展之路，所走的每一步，无不显示着公司不断自我革新、创新突破的勇气和追求完美的决心，充分彰显着“修身、齐家、治国、平天下”的大学之道，“守正出奇、泉心至善”的企业之道。

中庸（节选）

《中庸》，相传是孔子的孙子子思所作，原属《礼记》第三十一篇，是中国古代论述人生修养境界的一部道德哲学专著。宋代学者将《中庸》从《礼记》中抽出，与《大学》《论语》《孟子》合称为“四书”。其内容肯定“中庸”是道德行为的最高标准，认为“至诚”则达到人生的最高境界，并提出“博学之，审问之，慎思之，明辨之，笃行之”的学习过程和认识方法，强调了学习、思考、实践的重要性。

【第一章】

天命之谓性，率性之谓道，修道之谓教。

道也者，不可须臾离也，可离非道也。是故君子戒慎乎其所不睹，恐惧乎其所不闻。莫见乎隐，莫显乎微，故君子慎其独也。

喜怒哀乐之未发，谓之中；发而皆中节，谓之和；中也者，天下之大本也；和也者，天下之达道也。致中和，天地位焉，万物育焉。

【第二章】

仲尼曰：“君子中庸，小人反中庸。君子之中庸也，君子而时中；小人之中庸也，小人而无忌惮也。”

【第三章】

子曰："中庸其至矣乎！民鲜能久矣！"

【第四章】

子曰："道之不行也，我知之矣：知者过之，愚者不及也。道之不明也，我知之矣：贤者过之，不肖者不及也。人莫不饮食也，鲜能知味也。"

【第五章】

子曰："道其不行矣夫！"

【第六章】

子曰："舜其大知也与！舜好问而好察迩言，隐恶而扬善，执其两端，用其中于民，其斯以为舜乎！”

【第七章】

子曰：“人皆曰予知，驱而纳诸罟（gǔ）擭（huò）陷阱之中，而莫之知辟也。人皆曰予知，择乎中庸，而不能期（jī）月守也。”

【第八章】

子曰：“回之为人也，择乎中庸，得一善，则拳拳服膺，而弗失之矣。”

【第九章】

子曰：“天下国家可均也，爵禄可辞也，白刃可蹈也，中庸不可能也。”

【第十章】

子路问强，子曰：“南方之强与？北方之强与？抑而强与？宽柔以教，不报无道，南方之强也，君子居之。衽金革，死而不厌，北方之强也，而强者居之。故君子和而不流，强哉矫！中立而不倚，强哉矫！国有道，不变塞焉，强哉矫！国无道，至死不变，强哉矫！”

【第十一章】

子曰：“素隐行怪，后世有述焉，吾弗为之矣。君子遵道而行，半途而废，吾弗能已矣。君子依乎中庸，遁世不见知而不悔，唯圣者能之。”

【第十二章】

君子之道，费而隐。夫妇之愚，可以与知焉，及其至也，虽圣人亦有所不知焉。夫妇之不肖，可以能行焉；及其至也，虽圣人亦有所不能焉。天地之大也，人犹有所憾。故君子语大，天下莫能载焉；语小，天下莫能破焉。

《诗》云："鸢（yuān）飞戾天，鱼跃于渊。"言其上下察也。君子之道，造端乎夫妇，及其至也，察乎天地。

【第十三章】

子曰："道不远人，人之为道而远人，不可以为道。"

《诗》云："'伐柯，伐柯，其则不远。'执柯以伐柯，睨而视之，犹以为远。故君子以人治人，改而止。

"忠恕违道不远，施诸己而不愿，亦勿施于人。

"君子之道四，丘未能一焉，所求乎子，以事父，未能也；所求乎臣，以事君，未能也；所求乎弟，以事兄，未能也；所求乎朋友，先施之，未能也。庸德之行，庸言之谨；有所不足，不敢不勉，有余，不敢尽。言顾行，行顾言。君子胡不慥（zào）慥尔！”

【第十四章】

君子素其位而行，不愿乎其外。素富贵，行乎富贵；素贫贱，行乎贫贱；素夷狄，行乎夷狄；素患难，行乎患难，君子无入而不自得焉。

在上位，不陵下，在下位，不援上，正己而不求于人，则无怨。上不怨天，下不尤人。

故君子居易以俟命，小人行险以侥幸。

子曰：“射有似乎君子，失诸正鹄，反求诸其身。”

【第十五章】

君子之道，辟如行远必自迩，辟如登高必自卑。

《诗》曰：“妻子好合，如鼓瑟琴。兄弟既翕，和乐且耽。宜尔室家，乐尔妻帑（nú）。”

子曰：“父母其顺矣乎！”

【第十六章】

子曰：“鬼神之为德，其盛矣乎！视之而弗见，听之而弗闻，体物而不可遗。使天下之人齐明盛服，以承祭祀。洋洋乎！如在其上，如在其左右。《诗》曰：‘神之格思，不可度思！矧（shěn）可射思！’夫微之显，诚之不可掩，如此夫。”

［第十七章］

子曰："舜其大孝也与！德为圣人，尊为天子，富有四海之内。宗庙飨之，子孙保之。故大德必得其位，必得其禄，必得其名，必得其寿，故天之生物，必因其材而笃焉。故栽者培之，倾者覆之。《诗》曰：'嘉乐君子，宪宪令德。宜民宜人，受禄于天，保佑命之，自天申之。'故大德者必受命。"

［第十八章］

子曰："无忧者，其惟文王乎！以王季为父，以武王为子，父作之，子述之。

"武王缵（zuǎn）大王、王季、文王之绪，壹戎衣而有天下。身不失天下之显名，尊为天子，富有四海之内。宗庙飨（xiǎng）之，子孙保之。

"武王末受命，周公成文、武之德，

追王大王、王季，上祀先公以天子之礼。斯礼也，达乎诸侯大夫，及士庶人。父为大夫，子为士；葬以大夫，祭以士。父为士，子为大夫；葬以士，祭以大夫。期之丧达乎大夫，三年之丧达乎天子。父母之丧无贵贱，一也。”

【第十九章】

子曰：“武王、周公，其达孝矣乎！夫孝者，善继人之志，善述人之事者也。春秋修其祖庙，陈其宗器，设其裳衣，荐其时食。宗庙之礼，所以序昭穆也。序爵，所以辨贵贱也。序事，所以辨贤也。旅酬下为上，所以逮贱也。燕毛，所以序齿也。践其位，行其礼，奏其乐，敬其所尊，爱其所亲，事死如事生，事亡如事存，孝之至也。郊社之礼，所以事上帝也。宗庙之礼，所以祀乎其先也。明乎郊社之礼、禘（dì）尝之义，治国其如示诸掌乎！”

［第二十章］

哀公问政。子曰："文武之政，布在方策。其人存，则其政举；其人亡，则其政息。人道敏政，地道敏树。夫政也者，蒲卢也。故为政在人，取人以身，修身以道，修道以仁。仁者，人也，亲亲为大；义者，宜也，尊贤为大。亲亲之杀，尊贤之等，礼所生也。在下位不获乎上，民不可得而治矣！故君子不可以不修身；思修身，不可以不事亲；思事亲，不可以不知人，思知人，不可以不知天。"

天下之达道五，所以行之者三。曰：君臣也，父子也，夫妇也，昆弟也，朋友之交也，五者天下之达道也。知、仁、勇，三者天下之达德也，所以行之者一也。或生而知之，或学而知之，或困而知之，及其知之一也。或安而行之，或利而行之，或勉强而行之，及其成功，一也。

子曰："好学近乎知，力行近乎仁，知耻近乎勇。知斯三者，则知所以修身；知所以修身，则知所以治人；知所以治人，则知所以治天下国家矣。"

凡为天下国家有九经，曰：修身也，尊贤也，亲亲也，敬大臣也，体群臣也，子庶民也，来百工也，柔远人也，怀诸侯也。修身则道立，尊贤则不惑，亲亲则诸父昆弟不怨，敬大臣则不眩，体群臣则士之报礼重，子庶民则百姓劝，来百工则财用足，柔远人则四方归之，怀诸侯则天下畏之。齐明盛服，非礼不动，所以修身也；去谗远色，贱货而贵德，所以劝贤也；尊其位，重其禄，同其好恶，所以劝亲亲也；官盛任使，所以劝大臣也；忠信重禄，所以劝士也；时使薄敛，所以劝百姓也；日省月试，既禀称事，所以劝百工也；送往迎来，嘉善而矜不能，所以柔远人也；继绝世，举废国，治乱持危，朝聘以时，厚往而薄来，所以怀诸侯也。凡为天下国家有九经，所以行之者一也。

凡事豫则立，不豫则废。言前定则不跲，事前定则不困，行前定则不疚，道前定则不穷。

在下位不获乎上，民不可得而治矣。获乎上有道，不信乎朋友，不获乎上矣；信乎朋友有道，不顺乎亲，不信乎朋友矣；顺乎亲有道，反诸身不诚，不顺乎亲矣；诚身有道，不明乎善，不诚乎身矣。

诚者，天之道也；诚之者，人之道也。诚者不勉而中，不思而得，从容中道，圣人也。诚之者，择善而固执之者也。博学之，审问之，慎思之，明辨之，笃行之。有弗学，学之弗能，弗措也；有弗问，问之弗知，弗措也；有弗思，思之弗得，弗措也；有弗辨，辨之弗明，弗措也；有弗行，行之弗笃，弗措也。人一能之己百之，人十能之己千之。果能此道矣。虽愚必明，虽柔必强。

【第二十一章】

自诚明，谓之性。自明诚，谓之教。诚则明矣，明则诚矣。

【第二十二章】

唯天下至诚，为能尽其性；能尽其性，则能尽人之性；能尽人之性，则能尽物之性；能尽物之性，则可以赞天地之化育；可以赞天地之化育，则可以与天地参矣。

【第二十三章】

其次致曲，曲能有诚，诚则形，形则著，著则明，明则动，动则变，变则化。唯天下至诚为能化。

【第二十四章】

至诚之道，可以前知。国家将兴，必有祯祥；国家将亡，必有妖孽。见乎蓍龟，动乎四体。祸福将至，善必先知之，不善必先知之。故至诚如神。

【第二十五章】

诚者自成也，而道自道也。诚者物之终始，不诚无物。是故君子诚之为贵。

诚者非自成己而已也，所以成物也。成己，仁也；成物，知也。性之德也，合外内之道也，故时措之宜也。

【第二十六章】

故至诚无息。不息则久，久则征，征则悠远，悠远则博厚，博厚则高明。博厚所以载物也；高明所以覆物也；悠久所以成物也。博厚配地，高明配天，悠久无疆。如此者不见而章，不动而变，无为而成。

天地之道，可一言而尽也。其为物不贰，则其生物不测。

天地之道，博也，厚也，高也，明也，悠也，久也。今夫天，斯昭昭之多，及其无穷也，日月星辰系焉，万物覆焉。今夫地，一撮（zuǒ）土之多。及其广厚，载华岳而不重，振河海而不泄，万物载焉。今夫山，一卷石之多，及其广大，草木生之，禽兽居之，宝藏兴焉，今夫水，一勺之多，及其不测，鼋（yuán）、鼍（tuó）、鲛、龙、鱼、鳖生焉，货财殖焉。

《诗》云："维天之命，于穆不已！"盖曰天之所以为天也。"于乎不显，文王之德之纯！"盖曰文王之所以为文也，纯亦不已。

【第二十七章】

大哉圣人之道。洋洋乎！发育万物，峻极于天。优优大哉！礼仪三百，威仪三千。待其人而后行。

故曰：苟不至德，至道不凝焉。故君子尊德性而道问学，致广大而尽精微，极高明而道中庸。温故而知新，敦厚以崇礼。是故居上不骄，为下不倍；国有道，其言足以兴；国无道，其默足以容。

《诗》曰："既明且哲，以保其身。"其此之谓与！

【第二十八章】

子曰："愚而好自用，贱而好自专；生乎今之世，反古之道。如此者，灾及其身者也。"

非天子，不议礼，不制度，不考文。

今天下车同轨，书同文，行同伦。虽有其位，苟无其德，不敢作礼乐焉；虽有其德，苟无其位，亦不敢作礼乐焉。

子曰："吾说夏礼，杞不足征也。吾学殷礼，有宋存焉。吾学周礼，今用之，吾从周。"

【第二十九章】

王天下有三重焉，其寡过矣乎！上焉者虽善无征，无征不信，不信民弗从；下焉者虽善不尊，不尊不信，不信民弗从。

故君子之道，本诸身，征诸庶民，考诸三王而不缪，建诸天地而不悖，质诸鬼神而无疑，百世以俟圣人而不惑。质诸鬼神而无疑，知天也；百世以俟圣人而不惑，知人也。是故君子动而世为天下道，行而世为天下法，言而世为天下则。远之则有望，近之则不厌。

《诗》曰："在彼无恶，在此无射。

庶几夙夜，以永终誉。”君子未有不如此，而蚤有誉于天下者也。

【第三十章】

仲尼祖述尧、舜，宪章文、武。上律天时，下袭水土。辟如天地之无不持载，无不覆帱（dào）。辟如四时之错行，如日月之代明。万物并育而不相害，道并行而不相悖。小德川流，大德敦化。此天地之所以为大也。

【第三十一章】

唯天下至圣，为能聪明睿知，足以有临也；宽裕温柔，足以有容也；发强刚毅，足以有执也；齐庄中正，足以有敬也；文理密察，足以有别也。

溥（pǔ）博渊泉，而时出之。溥博如天，渊泉如渊。见而民莫不敬，言而民莫不信，行而民莫不说。

是以声名洋溢乎中国，施及蛮貊（mò）。舟车所至，人力所通，天之所覆，地之所载，日月所照，霜露所队，凡有血气者，莫不尊亲。故曰配天。

[第三十二章]

唯天下至诚，为能经纶天下之大经，立天下之大本，知天地之化育。夫焉有所倚？肫（zhūn）肫其仁！渊渊其渊！浩浩其天！苟不固聪明圣知达天德者，其孰能知之？

[第三十三章]

《诗》曰：“衣锦尚絅（jiǒng）。”恶其文之著也。故君子之道，暗然而日章；小人之道，的然而日亡。君子之道，淡而不厌，简而文，温而理。知远之近，知风之自，知微之显。可与入德矣。

《诗》云：“潜虽伏矣，亦孔之昭。”

故君子内省不疚，无恶于志。君子之所不可及者，其唯人之所不见乎！

《诗》云："相在尔室，尚不愧于屋漏。"故君子不动而敬，不言而信。

《诗》曰："奏假无言，时靡有争。"是故君子不赏而民劝，不怒而民威于铁钺。

《诗》曰："不显惟德，百辟其刑之。"是故君子笃恭而天下平。

《诗》云："予怀明德，不大声以色。"子曰："声色之于以化民，末也。"

《诗》曰："德輶（yóu）如毛。"毛犹有伦。"上天之载，无声无臭。"至矣！

泉舜新语

现代人，谈中庸必须要谈道，道离不开目标，没有目标的生活和工作就失去了意义。古人的目标是修身、齐家、治国、平天下，现代人仍然如此，但谈中庸应谈到让大家可以具体实践为好，也就是接地气。

中庸之道为持之以恒的成功之道，强调慎独自修，即自我反思、自我教育、自我监督、自我约束；告诫我们要保持一颗敬重或者敬畏的心，不极端不冒进，至诚尽性，只有这样才能行稳致远。于企业、于人皆如此：

泉舜有一种沟通模式——团队反思总结。

泉舜有一种培训机制——老带新，传帮带。

泉舜有一种激励口号——勠力同心，兴企旺己。

真正能在未来获得成功、持续取得高绩效的组织，将是那些发现有效途径去激励人们真心实意投入、积极开发能力、沉着应对挑战、不断开拓创新的组织。泉舜一直奋战在实现百年企业的路上！

论/语

《论语》，是春秋时期思想家、教育家孔子的弟子及再传弟子记录孔子及其弟子言行而编成的语录文集，成书于战国前期，体现了孔子的政治、教育、道德伦理和功利等价值思想。早在春秋后期孔子设坛讲学时期，《论语》主体内容就已初始创成；孔子去世以后，他的弟子和再传弟子代代传授他的言论，并逐渐将这些口头记诵的语录言行记录下来，因此称为“论”；《论语》主要记载孔子及其弟子的言行，因此称为“语”。

【学而篇】

子曰："学而时习之，不亦说乎？有朋自远方来，不亦乐乎？人不知而不愠，不亦君子乎？"

有子曰："其为人也孝弟，而好犯上者，鲜矣；不好犯上而好作乱者，未之有也。君子务本，本立而道生。孝弟也者，其为仁之本与！"

子曰："巧言、令色，鲜矣仁！"

曾子曰："吾日三省乎吾身。为人谋而不忠乎？与朋友交而不信乎？传不习乎？"

子曰："道千乘之国，敬事而信，节用而爱人，使民以时。"

子曰："弟子入则孝，出则弟，谨而信，泛爱众而亲仁，行有余力，则以学文。"

子夏曰："贤贤易色，事父母，能竭其力；事君，能致其身；与朋友交，言而有信。虽曰未学，吾必谓之学矣。"

子曰："君子不重则不威，学则不固。主忠信，无友不如己者。过，则勿惮改。"

曾子曰："慎终追远，民德归厚矣。"

子禽问于子贡曰："夫子至于是邦也，必闻其政。求之与？抑与之与？"子贡曰："夫子温、良、恭、俭、让以得之。夫子之求之也，其诸异乎人之求之与？"

子曰："父在，观其志；父没，观其行。三年无改于父之道，可谓孝矣。"

有子曰："礼之用，和为贵。先王之道，斯为美，小大由之。有所不行，知和而和，不以礼节之，亦不可行也。"

有子曰："信近于义，言可复也；恭近于礼，远耻辱也；因不失其亲，亦可宗也。"

子曰："君子食无求饱，居无求安。敏于事而慎于言，就有道而正焉，可谓好学也已。"

子贡曰："贫而无谄，富而无骄，何如？"子曰："可也。未若贫而乐，富而好礼者也。"

子贡曰："《诗》云：'如切如磋，如琢如磨。'其斯之谓与？"子曰："赐也，始可与言《诗》已矣！告诸往而知来者。"

子曰："不患人之不己知，患不知人也。"

【为政篇】

子曰："为政以德，譬如北辰，居其所而众星共之。"

子曰："《诗》三百，一言以蔽之，曰：'思无邪。'"

子曰："道之以政，齐之以刑，民免而无耻；道之以德，齐之以礼，有耻且格。"

子曰："吾十有五而志于学，三十而立，四十而不惑，五十而知天命，六十而耳顺，七十而从心所欲不逾矩。"

孟懿子问孝。子曰："无违。"樊迟御，子告之曰："孟孙问孝于我，我对曰，无违。"樊迟曰："何谓也？"子曰："生，事之以礼，死，葬之以礼，祭之以礼。"

孟武伯问孝。子曰："父母，唯其疾之忧。"

子游问孝。子曰："今之孝者，是谓能养。至于犬马，皆能有养；不敬，何以别乎？"

子夏问孝。子曰："色难。有事，弟子服其劳；有酒食，先生馔（zhuàn），曾是以为孝乎？"

子曰："吾与回言终日，不违，如愚。

退而省其私，亦足以发，回也不愚。”

子曰：“视其所以，观其所由，察其所安。人焉廋哉？人焉廋哉？”

子曰：“温故而知新，可以为师矣。”

子曰：“君子不器。”

子贡问君子。子曰：“先行其言，而后从之。”

子曰：“君子周而不比，小人比而不周。”

子曰：“学而不思则罔，思而不学则殆。”

子曰：“攻乎异端，斯害也已。”

子曰：“由，诲女知之乎！知之为知之，不知为不知，是知也。”

子张学干禄。子曰：“多闻阙疑，慎言其余，则寡尤。多见阙殆，慎行其余，则寡悔。言寡尤，行寡悔，禄在其中矣。”

哀公问曰："何为则民服？"孔子对曰："举直错诸枉，则民服；举枉错诸直，则民不服。"

季康子问："使民敬、忠以劝，如之何？"子曰："临之以庄，则敬；孝慈，则忠；举善而教不能，则劝。"

或谓孔子曰："子奚不为政？"子曰："《书》云：'孝乎惟孝，友于兄弟，施于有政。'是亦为政。奚其为为政？"

子曰："人而无信，不知其可也。大车无輗（nǐ），小车无軏（yuè），其何以行之哉！"

子张问："十世可知也？"子曰："殷因与夏礼，所损益可知也。周因于殷礼，所损益可知也。其或继周者，虽百世可知也。"

子曰："非其鬼而祭之，谄也。见义不为，无勇也。"

【八佾篇】

孔子谓季氏："八佾（yì）舞于庭，是可忍也，孰不可忍也？"

三家者以《雍》撤。子曰："'相维辟公，天子穆穆'，奚取于三家之堂？"

子曰："人而不仁，如礼何？人而不仁，如乐何？"

林放问礼之本。子曰："大哉问！礼，与其奢也，宁俭；丧，与其易也，宁戚。"

子曰："夷狄之有君，不如诸夏之亡也。"

季氏旅于泰山。子谓冉有曰："女弗能救与？"对曰："不能。"子曰："呜呼！曾谓泰山不如林放乎？"

子曰："君子无所争，必也射乎！揖让而升，下而饮，其争也君子。"

子夏问曰："'巧笑倩兮，美目盼

兮，素以为绚兮。'何谓也？"子曰："绘事后素。"曰："礼后乎？"子曰："起予者商也，始可以言《诗》已矣。"

子曰："夏礼，吾能言之，杞不足征也。殷礼，吾能言之，宋不足征也。文献不足故也。足，则吾能征之矣。"

子曰："禘（dì）自既灌而往者，吾不欲观之矣。"

或问禘之说。子曰："不知也。知其说者之于天下也，其如示诸斯乎？"指其掌。

祭如在，祭神如神在。子曰："吾不与祭，如不祭。"

王孙贾问曰："与其媚于奥，宁媚于灶，何谓也？"子曰："不然。获罪于天，无所祷也。"

子曰："周监于二代，郁郁乎文哉！吾从周。"

子入太庙，每事问。或曰："孰谓

鄹人之子知礼乎？入太庙，每事问。”子闻之，曰：“是礼也。”

子曰：“射不主皮，为力不同科，古之道也。”

子贡欲去告朔之饩（xì）羊。子曰：“赐也！尔爱其羊，我爱其礼。”

子曰：“事君尽礼，人以为谄也。”

定公问：“君使臣，臣事君，如之何？”孔子对曰：“君使臣以礼，臣事君以忠。”

子曰：“《关雎》乐而不淫，哀而不伤。”

哀公问社于宰我。宰我对曰：“夏后氏以松，殷人以柏，周人以栗。曰：‘使民战栗。’”子闻之，曰：“成事不说，遂事不谏，既往不咎。”

子曰：“管仲之器小哉！”或曰：“管仲俭乎？”曰：“管氏有三归，官事不摄，焉得俭？”“然则管仲知礼乎？”曰：

“邦君树塞门，管氏亦树塞门；邦君为两君之好，有反坫，管氏亦有反坫。管氏而知礼，孰不知礼？”

子语鲁大师乐，曰：“乐其可知也。始作，翕（xī）如也。从之，纯如也，皦（jiǎo）如也，绎如也。以成。”

仪封人请见，曰：“君子之至于斯也，吾未尝不得见也。”从者见之。出曰：“二三子，何患于丧乎？天下无道也久矣，天将以夫子为木铎（duó）。”

子谓《韶》：“尽美矣，又尽善也。”谓《武》：“尽美矣，未尽善也。”

子曰：“居上不宽，为礼不敬，临丧不哀。吾何以观之哉？”

【里仁篇】

子曰：“里仁为美，择不处仁，焉得知？”

子曰："不仁者，不可以久处约，不可以长处乐。仁者安仁，知者利仁。"

子曰："唯仁者能好人，能恶人。"

子曰："苟志于仁矣，无恶也。"

子曰："富与贵，是人之所欲也，不以其道得之，不处也。贫与贱，是人之所恶也，不以其道得之，不去也。君子去仁，恶乎成名？君子无终食之间违仁，造次必于是，颠沛必于是。"

子曰："我未见好仁者，恶不仁者。好仁者，无以尚之；恶不仁者，其为仁矣，不使不仁者加乎其身。有能一日用力于仁矣乎？我未见力不足者。盖有之矣，我未之见也。"

子曰："人之过也，各于其党。观过，斯知仁矣。"

子曰："朝闻道，夕死可矣。"

子曰："士志于道，而耻恶衣恶食者，未足与议也。"

子曰：“君子之于天下也，无适（dí）也，无莫也，义之与比（bì）。”

子曰：“君子怀德，小人怀土。君子怀刑，小人怀惠。”

子曰：“放于利而行，多怨。”

子曰：“能以礼让为国乎？何有？不能以礼让为国，如礼何？”

子曰：“不患无位，患所以立。不患莫己知，求为可知也。”

子曰：“参乎！吾道一以贯之。”曾子曰：“唯。”子出，门人问曰：“何谓也？”曾子曰：“夫子之道，忠恕而已矣。”

子曰：“君子喻于义，小人喻于利。”

子曰：“见贤思齐焉，见不贤而内自省也。”

子曰：“事父母几谏，见志不从，又敬不违，劳而不怨。”

子曰："父母在，不远游，游必有方。"

子曰："三年无改于父之道，可谓孝矣。"

子曰："父母之年，不可不知也。一则以喜，一则以惧。"

子曰："古者言之不出，耻躬之不逮也。"

子曰："以约失之者鲜矣。"

子曰："君子欲讷于言而敏于行。"

子曰："德不孤，必有邻。"

子游曰："事君数（sù），斯辱矣。朋友数，斯疏矣。"

【公冶长篇】

子谓公冶长："可妻也。虽在缧绁（léi xiè）之中，非其罪也。"以其子妻之。

子谓南容："邦有道，不废；邦无道，免于刑戮。"以其兄之子妻之。

子谓子贱："君子哉若人！鲁无君子者，斯焉取斯？"

子贡问曰："赐也何如？"子曰："汝，器也。"曰："何器也？"曰："瑚琏也。"

或曰："雍也仁而不佞。"子曰："焉用佞？御人以口给，屡憎于人，不知其仁，焉用佞？"

子使漆雕开仕。对曰："吾斯之未能信。"子说。

子曰："道不行，乘桴浮于海，从我者，其由与？"子路闻之喜。子曰："由也好勇过我，无所取材。"

孟武伯问："子路仁乎？"子曰："不知也。"又问。子曰："由也，千乘之国，可使治其赋也，不知其仁也。""求也何如？"子曰："求也，千室之邑，百乘之家，可使为之宰也，不知其仁也。”“赤也何如？”子曰：“赤也，束带立于朝，可使与宾客言也，不知其仁也。”

子谓子贡曰：“女与回也孰愈？”对曰：“赐也何敢望回？回也闻一以知十，赐也闻一以知二。”子曰：“弗如也。吾与女弗如也。”

宰予昼寝，子曰：“朽木不可雕也；粪土之墙不可杇（wū）也，于予与何诛？”子曰：“始吾于人也，听其言而信其行，今吾于人也，听其言而观其行。于予与改是。”

子曰：“吾未见刚者。”或对曰：“申枨（chéng）。”子曰：“枨也欲，焉得刚？”

子贡曰：“我不欲人之加诸我也，吾亦欲无加诸人。”子曰：“赐也，非尔所及也。”

子贡曰：“夫子之文章，可得而闻也；夫子之言性与天道，不可得而闻也。”

子路有闻，未之能行，唯恐有闻。

子贡问曰："孔文子何以谓之'文'也？"子曰："敏而好学，不耻下问，是以谓之'文'也。"

子谓子产："有君子之道四焉：其行己也恭，其事上也敬，其养民也惠，其使民也义。"

子曰："晏平仲善与人交，久而敬之。"

子曰："臧文仲居蔡，山节藻棁，何如其知也？"

子张问曰："令尹子文三仕为令尹，无喜色；三已之，无愠色。旧令尹之政，必以告新令尹，何如？"子曰："忠矣。"曰："仁矣乎？"曰："未知，焉得仁？""崔子弑齐君，陈文子有马十乘，弃而违之。至于他邦，则曰：'犹吾大夫崔子也。'违之，之一邦，则又曰：'犹吾大夫崔子也。'违之，何如？"子曰："清矣。"曰："仁矣乎？"曰：

“未知，焉得仁？”

季文子三思而后行。子闻之曰：“再斯可矣。”

子曰：“宁武子，邦有道则知，邦无道则愚。其知可及也，其愚不可及也。”

子在陈曰：“归与，归与！吾党之小子狂简，斐然成章，不知所以裁之。”

子曰：“伯夷、叔齐不念旧恶，怨是用希。”

子曰：“孰谓微生高直？或乞醯（xī）焉，乞诸其邻而与之。”

子曰：“巧言、令色、足恭，左丘明耻之，丘亦耻之。匿怨而友其人，左丘明耻之，丘亦耻之。”

颜渊、季路侍，子曰：“盍各言尔志？”子路曰：“愿车马、衣裘与朋友共，敝之而无憾。”颜渊曰：“愿无伐善，无施劳。”子路曰：“愿闻子之志。”子曰：“老者安之，朋友信之，少者怀之。”

子曰：“已矣乎！吾未见能见其过而内自讼者也。”

子曰：“十室之邑，必有忠信如丘者焉，不如丘之好学也。”

【雍也篇】

子曰：“雍也可使南面。”

仲弓问子桑伯子。子曰：“可也简。”仲弓曰：“居敬而行简，以临其民，不亦可乎？居简而行简，无乃大简乎？”子曰：“雍之言然。”

哀公问：“弟子孰为好学？”孔子对曰：“有颜回者好学，不迁怒，不贰过。不幸短命死矣！今也则亡，未闻好学者也。”

子华使于齐，冉子为其母请粟。子曰：“与之釜。”请益。曰：“与之庾。”

冉子与其粟五秉，子曰：“赤之适齐也，乘肥马，衣轻裘。吾闻之也，君子周急不济富。”

原思为之宰，与之粟九百，辞。子曰：“毋！以与尔邻里乡党乎？”

子谓仲弓曰：“犁牛为之骍（xīng）且角，虽欲勿用，山川其舍诸？”

子曰：“回也，其心三月不违仁，其余则日月至焉而已矣。”

季康子问：“仲由可使从政也与？”子曰：“由也果，于从政乎何有？”曰：“赐也可使从政也与？”曰：“赐也达，于从政乎何有？”曰：“求也可使从政也与？”曰：“求也艺，于从政乎何有？”

季氏使闵子骞为费宰，闵子骞曰：“善为我辞焉！如有复我者，则吾必在汶上矣。”

伯牛有疾，子问之，自牖（yǒu）执其手，曰：“亡之，命矣夫！斯人也而有斯疾也！斯人也而有斯疾也！”

子曰："贤哉回也！一箪（dān）食，一瓢饮，在陋巷，人不堪其忧，回也不改其乐。贤哉，回也！"

冉求曰："非不说子之道，力不足也。"子曰："力不足者，中道而废。今汝画。"

子谓子夏曰："汝为君子儒，无为小人儒。"

子游为武城宰。子曰："女得人焉耳乎？"曰："有澹台灭明者，行不由径，非公事，未尝至于偃之室也。"

子曰："孟之反不伐，奔而殿，将入门，策其马，曰：'非敢后也，马不进也。'"

子曰："不有祝鮀（tuó）之佞，而有宋朝之美，难乎免于今之世矣。"

子曰："谁能出不由户？何莫由斯道也？"

子曰："质胜文则野，文胜质则史。

文质彬彬，然后君子。”

子曰：“人之生也直，罔之生也幸而免。”

子曰：“知之者不如好之者，好之者不如乐之者。”

子曰：“中人以上，可以语上也，中人以下，不可以语上也。”

樊迟问知，子曰：“务民之义，敬鬼神而远之，可谓知矣。”问仁。曰：“仁者先难而后获，可谓仁矣。”

子曰：“知者乐水，仁者乐山；知者动，仁者静；知者乐，仁者寿。”

子曰：“齐一变，至于鲁，鲁一变，至于道。”

子曰：“觚不觚，觚哉！觚哉！”

宰我问曰：“仁者，虽告之曰，‘井有仁焉’，其从之也？”子曰：“何为其然也？君子可逝也，不可陷也；可欺也，不可罔也。”

子曰：“君子博学于文，约之以礼，亦可以弗畔矣夫！”

子见南子，子路不说。夫子矢之曰：“予所否者，天厌之！天厌之！”

子曰：“中庸之为德也，其至矣乎！民鲜久矣。”

子贡曰：“如有博施于民而能济众，何如？可谓仁乎？”子曰：“何事于仁！必也圣乎！尧、舜其犹病诸！夫仁者，己欲立而立人，己欲达而达人。能近取譬，可谓仁之方也已。”

［述而篇］

子曰：“述而不作，信而好古，窃比我于老彭。”

子曰：“默而识之，学而不厌，诲人不倦，何有于我哉？”

子曰：“德之不修，学之不讲，闻义不能徙，不善不能改，是吾忧也。”

子之燕居，申申如也，夭夭如也。

子曰：“甚矣吾衰也！久矣吾不复梦见周公。”

子曰：“志于道，据于德，依于仁，游于艺。”

子曰：“自行束脩（xiū）以上，吾未尝无诲焉。”

子曰：“不愤不启，不悱不发，举一隅而不以三隅反，则不复也。”

子食于有丧者之侧，未尝饱也。子于是日哭，则不歌。

子谓颜渊曰：“用之则行，舍之则藏，惟我与尔有是夫！”子路曰：“子行三军，则谁与？”子曰：“暴虎冯河，死而无悔者，吾不与也。必也临事而惧，好谋而成者也。”

子曰："富而可求也，虽执鞭之士，吾亦为之，如不可求，从吾所好。"

子之所慎：齐，战，疾。

子在齐闻《韶》，三月不知肉味，曰："不图为乐之至于斯也。"

冉有曰："夫子为卫君乎？"子贡曰："诺，吾将问之。"入，曰："伯夷、叔齐何人也？"曰："古之贤人也。"曰："怨乎？"曰："求仁而得仁，又何怨？"出，曰："夫子不为也。"

子曰："饭疏食，饮水，曲肱而枕之，乐亦在其中矣。不义而富且贵，于我如浮云。"

子曰："加我数年，五十以学《易》，可以无大过矣。"

子所雅言：《诗》、《书》、执礼，皆雅言也。

叶公问孔子于子路，子路不对。子曰："汝奚不曰：其为人也，发愤忘食，乐以忘忧，不知老之将至云尔。”

子曰：“我非生而知之者，好古，敏以求之者也。”

子不语：怪、力、乱、神。

子曰：“三人行，必有我师焉；择其善者而从之，其不善者而改之。”

子曰：“天生德于予，桓魋（tuí）其如予何？”

子曰：“二三子以我为隐乎？吾无隐乎尔，吾无行而不与二三子者，是丘也。”

子以四教：文、行、忠、信。

子曰：“圣人，吾不得而见之矣，得见君子者，斯可矣。”子曰：“善人，吾不得而见之矣，得见有恒者，斯可矣。亡而为有，虚而为盈，约而为泰，难乎有恒矣。”

子钓而不纲，弋不射宿。

子曰："盖有不知而作之者，我无是也。多闻，择其善者而从之，多见而识之，知之次也。"

互乡难与言，童子见，门人惑。子曰："与其进也，不与其退也，唯何甚？人洁己以进，与其洁也，不保其往也。"

子曰："仁远乎哉？我欲仁，斯仁至矣。"

陈司败问："昭公知礼乎？"孔子曰："知礼。"孔子退，揖巫马期而进之，曰："吾闻君子不党，君子亦党乎？君取于吴，为同姓，谓之吴孟子。君而知礼，孰不知礼？"巫马期以告。子曰："丘也幸，苟有过，人必知之。"

子与人歌而善，必使反之，而后和之。

子曰："文，莫吾犹人也。躬行君子，则吾未之有得。"

子曰："若圣与仁，则吾岂敢？抑为之不厌，诲人不倦，则可谓云尔已矣。"公西华曰："正唯弟子不能学也。"

子疾病，子路请祷。子曰：“有诸？”子路对曰：“有之，《诔》曰：‘祷尔于上下神祇。’”子曰：“丘之祷久矣。”

子曰：“奢则不孙，俭则固。与其不孙也，宁固。”

子曰：“君子坦荡荡，小人长戚戚。”

子温而厉，威而不猛，恭而安。

【泰伯篇】

子曰：“泰伯，其可谓至德也已矣。三以天下让，民无得而称焉。”

子曰：“恭而无礼则劳，慎而无礼则葸（xǐ），勇而无礼则乱，直而无礼则绞。君子笃于亲，则民兴于仁，故旧不遗，则民不偷。”

曾子有疾，召门弟子曰：“启予足，启予手。《诗》云：‘战战兢兢，如临深渊，如履薄冰。’而今而后，吾知免夫，小子！”

曾子有疾，孟敬子问之。曾子言曰：“鸟之将死，其鸣也哀；人之将死，其言也善。君子所贵乎道者三：动容貌，斯远暴慢矣；正颜色，斯近信矣；出辞气，斯远鄙倍矣。笾豆之事，则有司存。”

曾子曰：“以能问于不能；以多问于寡；有若无，实若虚，犯而不校。昔者吾友尝从事于斯矣。”

曾子曰：“可以托六尺之孤，可以寄百里之命，临大节而不可夺也。君子人与？君子人也。”

曾子曰：“士不可以不弘毅，任重而道远。仁以为己任，不亦重乎？死而后已，不亦远乎？”

子曰：“兴于《诗》，立于礼，成于乐。”

子曰：“民可使由之；不可使知之。”

子曰：“好勇疾贫，乱也。人而不

仁，疾之已甚，乱也。”

子曰：“如有周公之才之美，使骄且吝，其余不足观也已。”

子曰：“三年学，不至于谷，不易得也。”

子曰：“笃信好学，守死善道。危邦不入，乱邦不居，天下有道则见，无道则隐。邦有道，贫且贱焉，耻也；邦无道，富且贵焉，耻也。”

子曰：“不在其位，不谋其政。”

子曰：“师挚之始，《关雎》之乱，洋洋乎盈耳哉！”

子曰：“狂而不直，侗而不愿，悾（kōng）悾而不信，吾不知之矣。”

子曰：“学如不及，犹恐失之。”

子曰：“巍巍乎，舜、禹之有天下也，而不与焉。”

子曰：“大哉！尧之为君也。巍巍

乎！唯天为大，唯尧则之。荡荡乎！民无能名焉。巍巍乎！其有成功也。焕乎！其有文章。”

舜有臣五人而天下治。武王曰：“予有乱臣十人。”孔子曰：“才难，不其然乎？唐虞之际，于斯为盛，有妇人焉，九人而已。三分天下有其二，以服事殷，周之德，其可谓至德也已夫！”

子曰：“禹，吾无间然矣。菲饮食而致孝乎鬼神，恶衣服而致美乎黻冕（fú miǎn），卑宫室而尽力乎沟洫。禹，吾无间然矣！”

【子罕篇】

子罕言利与命与仁。

达巷党人曰：“大哉孔子！博学而无所成名。”子闻之，谓门弟子曰：“吾何执？执御乎？执射乎？吾执御矣。”

子曰：“麻冕，礼也；今也纯，俭，

吾从众。拜下，礼也。今拜乎上，泰也。虽违众，吾从下。”

子绝四：毋意，毋必，毋固，毋我。

子畏于匡，曰：“文王既没，文不在兹乎？天之将丧斯文也，后死者不得与于斯文也；天之未丧斯文也，匡人其如予何！”

太宰问于子贡曰：“夫子圣者与？何其多能也？”子贡曰：“固天纵之将圣，又多能也。”子闻之，曰：“太宰知我乎？吾少也贱，故多能鄙事。君子多乎哉？不多也。”

牢曰：“子云：‘吾不试，故艺。’”

子曰：“吾有知乎哉？无知也。有鄙夫问于我，空空如也，我叩其两端而竭焉。”

子曰：“凤鸟不至，河不出图，吾已矣夫！”

子见齐衰者、冕衣裳者与瞽（gǔ）

者，见之，虽少，必作；过之，必趋。

颜渊喟然叹曰："仰之弥高，钻之弥坚，瞻之在前，忽焉在后。夫子循循然善诱人，博我以文，约我以礼，欲罢不能。既竭吾才，如有所立卓尔。虽欲从之，末由也已。"

子疾病，子路使门人为臣。病间，曰："久矣哉，由之行诈也！无臣而为有臣。吾谁欺？欺天乎？且予与其死于臣之手也，无宁死于二三子之手乎？且予纵不得大葬，予死于道路乎？"

子贡曰："有美玉于斯，韫（yùn）椟（dú）而藏诸？求善贾（gǔ）而沽（gū）诸？"子曰："沽之哉！沽之哉！我待贾者也。"

子欲居九夷。或曰："陋，如之何？"子曰："君子居之，何陋之有？"

子曰："吾自卫反鲁，然后乐正，《雅》《颂》各得其所。"

子曰："出则事公卿，入则事父兄，

丧事不敢不勉，不为酒困，何有于我哉？”

子在川上，曰：“逝者如斯夫！不舍昼夜。”

子曰：“吾未见好德如好色者也。”

子曰：“譬如为山，未成一篑，止，吾止也。譬如平地，虽覆一篑，进，吾往也。”

子曰：“语之而不惰者，其回也与！”

子谓颜渊曰：“惜乎！吾见其进也，未见其止也。”

子曰：“苗而不秀者有矣夫！秀而不实者有矣夫！”

子曰：“后生可畏。焉知来者之不如今也？四十、五十而无闻焉，斯亦不足畏也已。”

子曰：“法语之言，能无从乎？改之为贵。巽(xùn)与之言，能无说乎？

绎之为贵。说而不绎，从而不改，吾末如之何也已矣。”

子曰：“主忠信，毋友不如己者，过则勿惮改。”

子曰：“三军可夺帅也，匹夫不可夺志也。”

子曰：“衣敝缊（yùn）袍，与衣狐貉者立，而不耻者，其由也与？‘不忮（zhì）不求，何用不臧。’”子路终身诵之。子曰：“是道也，何足以臧？”

子曰：“岁寒，然后知松柏之后凋也。”

子曰：“知者不惑，仁者不忧，勇者不惧。”

子曰：“可与共学，未可与适道；可与适道，未可与立；可与立，未可与权。”

唐棣之华，偏其反而。岂不尔思？是室远而。子曰：“未之思也，夫何远之有？”

【乡党篇】

孔子于乡党，恂（xún）恂如也，似不能言者。其在宗庙朝廷，便便言，唯谨尔。

朝，与下大夫言，侃侃如也；与上大夫言，訚（yín）訚如也。君在，踧踖（cù jí）如也，与与如也。

君召使摈，色勃如也，足躩（jué）如也。揖所与立，左右手，衣前后，襜（chān）如也。趋进，翼如也。宾退，必复命，曰：“宾不顾矣。”

入公门，鞠躬如也，如不容。立不中门，行不履阈。过位，色勃如也，足攫如也，其言似不足者。摄齐升堂，鞠躬如也，屏气似不息者。出，降一等，逞颜色，怡怡如也。没阶趋，翼如也；复其位，踧踖（cù jí）如也。

执圭，鞠躬如也，如不胜。上如揖，下如授，勃如战色，足蹜蹜（sù）如有循。

享礼，有容色。私觌（dí），愉愉如也。

君子不以绀（gàn）緅（zōu）饰，红紫不以为亵服。当暑，袗（zhěn）絺（chī）绤（xì），必表而出之。缁衣羔裘，素衣麑（ní）裘，黄衣狐裘。亵裘长，短右袂。必有寝衣，长一身有半。狐貉之厚以居。去丧，无所不佩。非帷裳，必杀之。羔裘玄冠不以吊。吉月，必朝服而朝。

齐，必有明衣，布。齐必变食，居必迁坐。

食不厌精，脍不厌细。食饐（yì）而餲（ài），鱼馁而肉败，不食。色恶，不食。臭（xiù）恶，不食。失饪，不食。不时，不食。割不正，不食。不得其酱，不食。肉虽多，不使胜食气。惟酒无量，不及乱。沽酒市脯，不食。不撤姜食，不多食。

祭于公，不宿肉。祭肉不出三日。出三日，不食之矣。

食不语，寝不言。

虽疏食菜羹，必祭，瓜齐如也。

席不正，不坐。

乡人饮酒，杖者出，斯出矣。

乡人傩(nuó)，朝服而立于阼(zuò)阶。

问人于他邦，再拜而送之。

康子馈药，拜而受之。曰："丘未达，不敢尝。"

厩焚。子退朝，曰："伤人乎？"不问马。

君赐食，必正席先尝之。君赐腥，必熟而荐之。君赐生，必畜之。侍食于君，君祭，先饭。

疾，君视之，东首，加朝服，拖绅。

君命召，不俟驾行矣。

入太庙，每事问。

朋友死，无所归，曰："于我殡。"

朋友之馈，虽车马，非祭肉，不拜。

寝不尸，居不容。

见齐衰（zī cuī）者，虽狎，必变。见冕者与瞽者，虽亵，必以貌。凶服者式之，式负版者。有盛馔，必变色而作。迅雷风烈，必变。

升车，必正立，执绥。车中，不内顾，不疾言，不亲指。

色斯举矣，翔而后集。曰："山梁雌雉，时哉时哉！"子路共之，三嗅而作。

［先进篇］

子曰："先进于礼乐，野人也。后进于礼乐，君子也。如用之，则吾从先进。"

子曰："从我于陈、蔡者，皆不及门也。德行：颜渊、闵子骞、冉伯牛、仲弓；言语：宰我、子贡；政事：冉有、季路；文学：子游、子夏。”

子曰：“回也，非助我者也，于吾言无所不说。”

子曰：“孝哉，闵子骞！人不间于其父母昆弟之言。”

南容三复白圭，孔子以其兄之子妻之。

季康子问：“弟子孰为好学？”孔子对曰：“有颜回者好学，不幸短命死矣。今也则亡。”

颜渊死，颜路请子之车以为之椁。子曰：“才不才，亦各言其子也。鲤也死，有棺而无椁。吾不徒行以为之椁。以吾从大夫之后，不可徒行也。”

颜渊死，子曰：“噫！天丧予！天丧予！”

颜渊死，子哭之恸。从者曰：“子恸矣！”曰：“有恸乎？非夫人之为恸而谁为？”

颜渊死，门人欲厚葬之。子曰：“不可。”门人厚葬之。子曰：“回也视予犹父也，予不得视犹子也。非我也，夫二三子也。”

季路问事鬼神。子曰：“未能事人，焉能事鬼？”曰：“敢问死？”曰：“未知生，焉知死？”

闵子侍侧，訚訚如也。子路，行（héng）行如也。冉有、子贡，侃侃如也。子乐：“若由也，不得其死然。”

鲁人为长府，闵子骞曰：“仍旧贯，如之何？何必改作？”子曰：“夫人不言，言必有中。”

子曰：“由之瑟，奚为于丘之门？”门人不敬子路。子曰：“由也升堂矣，未入于室也。”

子贡问：“师与商也孰贤？”子曰：“师也过，商也不及。”曰：“然则师愈与？”子曰：“过犹不及。”

季氏富于周公，而求也为之聚敛而

附益之。子曰："非吾徒也。小子鸣鼓而攻之可也。"

柴也愚，参也鲁，师也辟，由也喭（yàn）。

子曰："回也其庶乎？屡空。赐不受命，而货殖焉，亿则屡中。"

子张问善人之道。子曰："不践迹，亦不入于室。"

子曰："论笃是与？君子者乎？色庄者乎？"

子路问："闻斯行诸？"子曰："有父兄在，如之何其闻斯行之？"冉有问："闻斯行诸？"子曰："闻斯行之。"公西华曰："由也问闻斯行诸，子曰：'有父兄在。'求也问闻斯行诸，子曰：'闻斯行之。'赤也惑，敢问。"子曰："求也退，故进之；由也兼人，故退之。"

子畏于匡，颜渊后。子曰："吾以女为死矣。"曰："子在，回何敢死？"

季子然问："仲由、冉求，可谓大

臣与？”子曰：“吾以子为异之问，曾由与求之问。所谓大臣者，以道事君，不可则止。今由与求也，可谓具臣矣。”曰：“然则从之者与？”子曰：“弑父与君，亦不从也。”

子路使子羔为费宰。子曰：“贼夫人之子。”子路曰：“有民人焉，有社稷焉，何必读书，然后为学？”子曰：“是故恶夫佞者。”

子路、曾皙、冉有、公西华侍坐。子曰：“以吾一日长乎尔，毋吾以也。居则曰：‘不吾知也。’如或知尔，则何以哉？”子路率尔对曰：“千乘之国，摄乎大国之间，加之以师旅，因之以饥馑，由也为之，比及三年，可使有勇，且知方也。”夫子哂之：“求，尔何如？”对曰：“方六七十，如五六十，求也为之，比及三年，可使足民。如其礼乐，以俟君子。”“赤，尔何如？”对曰：“非曰能之，愿学焉。宗庙之事，如会同，端章甫，愿为小相焉。”“点，尔何如？”鼓瑟希，铿尔，舍瑟而作，对曰：“异乎三子者之撰。”子曰：“何伤乎？亦各言其志也。”曰：“暮春者，春服既成，冠者五六人，童子六七人，浴乎沂，风乎舞雩（yú），咏而归。”夫子喟然叹曰：“吾与点也。”三子者出，曾皙后，曾皙曰：“夫三子者之言何如？”子曰：“亦各言其志也已矣。”曰：“夫子何哂由也？”曰：“为国以礼，其言不让，是故哂之。”“唯求则非邦也与？”“安见方六七十如五六十而非邦也者？”“唯赤则非邦也与？”“宗庙会同，非诸侯而何？赤也为之小，孰能为之大！”

【颜渊篇】

颜渊问仁。子曰：“克己复礼为仁。一日克己复礼，天下归仁焉。为仁由己，而由人乎哉？”颜渊曰：“请问其目？”子曰：“非礼勿视，非礼勿听，非礼勿言，非礼勿动。”颜渊曰：“回虽不敏，请事斯语矣。”

仲弓问仁。子曰：“出门如见大宾，

使民如承大祭。己所不欲，勿施于人，在邦无怨，在家无怨。”仲弓曰：“雍虽不敏，请事斯语矣。”

司马牛问仁。子曰：“仁者，其言也讱。”曰：“其言也讱，斯谓之仁已乎？”子曰：“为之难，言之得无讱乎？”

司马牛问君子。子曰：“君子不忧不惧。”曰：“不忧不惧，斯谓之君子已乎？”子曰：“内省不疚，夫何忧何惧？”

司马牛忧曰：“人皆有兄弟，我独亡。”子夏曰：“商闻之矣，死生有命，富贵在天。君子敬而无失，与人恭而有礼，四海之内皆兄弟也，君子何患乎无兄弟也？”

子张问明。子曰：“浸润之谮（zèn），肤受之愬（sù），不行焉，可谓明也已矣。浸润之谮，肤受之愬不行焉，可谓远也已矣。”

子贡问政。子曰：“足食，足兵，

民信之矣。”子贡曰：“必不得已而去，于斯三者何先？”曰：“去兵。”子贡曰：“必不得已而去，于斯二者何先？”曰：“去食。自古皆有死，民无信不立。”

棘子成曰：“君子质而已矣，何以文为？”子贡曰：“惜乎，夫子之说君子也！驷（sì）不及舌。文，犹质也；质，犹文也。虎豹之鞟（kuò），犹犬羊之鞟。”

哀公问于有若曰：“年饥，用不足，如之何？”有若对曰：“盍彻乎？”曰：“二，吾犹不足，如之何其彻也？”对曰：“百姓足，君孰与不足？百姓不足，君孰与足？”

子张问崇德辨惑。子曰：“主忠信，徙义，崇德也。爱之欲其生，恶之欲其死。既欲其生，又欲其死，是惑也。‘诚不以富，亦祇以异’。”

齐景公问政于孔子。孔子对曰：“君君，臣臣，父父，子子。”公曰：“善哉！信如君不君，臣不臣，父不父，子不子，虽有粟，吾得而食诸？”

子曰："片言可以折狱者，其由也与？子路无宿诺。"

子曰："听讼，吾犹人也，必也使无讼乎。"

子张问政。子曰："居之无倦，行之以忠。"

子曰："博学于文，约之以礼，亦可以弗畔矣夫！"

子曰："君子成人之美，不成人之恶。小人反是。"

季康子问政于孔子。孔子对曰："政者，正也，子帅以正，孰敢不正？"

季康子患盗，问与孔子。孔子对曰："苟子之不欲，虽赏之不窃。"

季康子问政于孔子曰："如杀无道，以就有道，何如？"孔子对曰："子为政，焉用杀？子欲善，而民善矣。君子之德风，小人之德草。草上之风，必偃。"

子张问："士何如斯可谓之达矣？"子曰："何哉尔所谓达者？"子张对曰："在邦必闻，在家必闻。"子曰："是闻也，非达也。夫达也者，质直而好义，察言而观色，虑以下人。在邦必达，在家必达。夫闻也者，色取仁而行违，居之不疑。在邦必闻，在家必闻。"

樊迟从游于舞雩之下，曰："敢问崇德，修慝（tè），辨惑。"子曰："善哉问！先事后得，非崇德与？攻其恶，无攻人之恶，非修慝与？一朝之忿，忘其身，以及其亲，非惑与？"

樊迟问仁。子曰："爱人。"问知。子曰："知人。"樊迟不达。子曰："举直错诸枉，能使枉者直。"樊迟退，见子夏曰："乡也吾见于夫子而问知，子曰：'举直错诸枉，能使枉者直。'何谓也？"子夏曰："富哉言乎！舜有天下，选于众，举皋陶（yáo），不仁者远矣。汤有天下，选于众，举伊尹，不仁者远矣。"

子贡问友。子曰："忠告而善道之，不可则止，无自辱焉。"

曾子曰:“君子以文会友,以友辅仁。”

【子路篇】

子路问政。子曰:“先之,劳之。”请益。子曰:“无倦。”

仲弓为季氏宰,问政。子曰:“先有司,赦小过,举贤才。”曰:“焉知贤才而举之?”曰:“举尔所知,尔所不知,人其舍诸?”

子路曰:“卫君待子而为政,子将奚先?”子曰:“必也正名乎?”子路曰:“有是哉,子之迂也!奚其正?”子曰:“野哉由也!君子于其所不知,盖阙如也。名不正则言不顺,言不顺则事不成,事不成则礼乐不兴,礼乐不兴则刑罚不中,刑罚不中则民无所措手足。故君子名之必可言也,言之必可行也。君子于其言,无所苟而已矣。”

樊迟请学稼。子曰:“吾不如老农。”请学为圃,曰:“吾不如老圃。”樊迟出。子曰："小人哉，樊须也。上好礼，则民莫敢不敬；上好义，则民莫敢不服；上好信，则民莫敢不用情。夫如是，则四方之民，襁负其子而至矣。焉用稼？"

子曰："诵《诗》三百，授之以政，不达，使于四方，不能专对；虽多，亦奚以为？"

子曰："其身正，不令而行；其身不正，虽令不从。"

子曰："鲁卫之政，兄弟也。"

子谓卫公子荆："善居室。始有，曰：'苟合矣。'少有，曰：'苟完矣。'富有，曰：'苟美矣。'"

子适卫，冉有仆。子曰："庶矣哉！"冉有曰："既庶矣，又何加焉？"曰："富之。"曰："既富矣，又何加焉？"曰："教之。"

子曰："苟有用我者，期月而已可也，三年有成。"

子曰：“‘善人为邦百年，亦可以胜残去杀矣。’诚哉是言也。”

子曰：“如有王者，必世而后仁。”

子曰：“苟正其身矣，于从政乎何有？不能正其身，如正人何？”

冉子退朝。子曰：“何晏也？”对曰：“有政。”子曰：“其事也。如有政，虽不吾以，吾其与闻之。”

定公问:“一言而可以兴邦,有诸？”孔子对曰：“言不可以若是其几也。人之言曰：‘为君难，为臣不易。’如知为君之难也，不几乎一言而兴邦乎？”曰：“一言而丧邦，有诸？”孔子对曰：“言不可以若是，其几也。人之言曰：‘予无乐乎为君,唯其言而莫予违也。’如其善而莫之违也，不亦善乎？如不善而莫之违也，不几乎一言而丧邦乎？”

叶公问政。子曰:“近者说,远者来。”

子夏为莒（jǔ）父宰，问政。子曰：“无欲速，无见小利，欲速则不达，见小利则大事不成。”

叶公语孔子曰：“吾党有直躬者，其父攘(rǎng)羊，而子证之。”孔子曰：“吾党之直者异于是：父为子隐，子为父隐，直在其中矣。”

樊迟问仁。子曰：“居处恭，执事敬，与人忠，虽之夷狄，不可弃也。”

子贡问曰：“何如斯可谓之士矣？”子曰：“行己有耻，使于四方，不辱君命，可谓士矣。”曰：“敢问其次。”曰：“宗族称孝焉，乡党称悌焉。”曰：“敢问其次。”曰：“言必信，行必果，硁（kēng）硁然小人哉，抑亦可以为次矣。”曰：“今之从政者何如？”子曰：“噫！斗筲(shāo)之人，何足算也？”

子曰：“不得中行而与之，必也狂狷乎！狂者进取，狷者有所不为也。”

子曰：“南人有言曰：‘人而无恒，不可以作巫医。’善夫！”不恒其德，或承之羞。子曰：“不占而已矣。”

子曰："君子和而不同，小人同而不和。"

子贡问曰："乡人皆好之，何如？"子曰："未可也。""乡人皆恶之，何如？"子曰："未可也。不如乡人之善者好之，其不善者恶之。"

子曰："君子易事而难说也。说之不以其道，不说也；及其使人也，器之。小人难事而易说也。说之虽不以道，说也；及其使人也，求备焉。"

子曰："君子泰而不骄，小人骄而不泰。"

子曰："刚、毅、木、讷，近仁。"

子路问曰："何如斯可谓之士矣？"子曰："切切偲（sī）偲，怡怡如也，可谓士矣。朋友切切偲偲，兄弟怡怡。"

子曰："善人教民七年，亦可以即戎矣。"

子曰："以不教民战，是谓弃之。"

【宪问篇】

宪问耻。子曰："邦有道，谷；邦无道，谷，耻也。""克、伐、怨、欲不行焉，可以为仁矣？"子曰："可以为难矣，仁则吾不知也。"

子曰："士而怀居，不足以为士矣。"

子曰："邦有道，危言危行；邦无道，危行言孙。"

子曰："有德者必有言，有言者不必有德；仁者必有勇，勇者不必有仁。"

南宫适问于孔子曰："羿善射，奡(áo)荡舟，俱不得其死然，禹、稷耕稼而有天下。"夫子不答。南宫适出，子曰："君子哉若人，尚德哉若人！"

子曰："君子而不仁者有矣夫，未有小人而仁者也。"

子曰："爱之，能勿劳乎？忠焉，

能无诲乎？”

子曰：“为命，裨谌（chén）草创之，世叔讨论之，行人子羽修饰之，东里子产润色之。”

或问子产。子曰：“惠人也。”问子西。曰：“彼哉！彼哉！”问管仲。曰：“人也。夺伯氏骈邑三百，饭疏食，没齿无怨言。”

子曰：“贫而无怨难，富而无骄易。”

子曰：“孟公绰为赵、魏老则优，不可以为滕、薛大夫。”

子路问成人。子曰：“若臧武仲之知，公绰之不欲，卞庄子之勇，冉求之艺，文之以礼乐，亦可以为成人矣。”曰：“今之成人者何必然？见利思义，见危授命，久要不忘平生之言，亦可以为成人矣。”

子问公叔文子于公明贾曰：“信乎？夫子不言，不笑，不取乎？”公明贾对曰：“以告者过也，夫子时然后言，人不厌其言；乐然后笑，人不厌其笑。义然后取，人不厌其取。”子曰：“其然，岂其然乎？”

子曰：“臧武仲以防求为后于鲁，虽曰不要君，吾不信也。”

子曰：“晋文公谲（jué）而不正，齐桓公正而不谲。”

子路曰：“桓公杀公子纠，召忽死之，管仲不死。”曰：“未仁乎？”子曰：“管仲九合诸侯，不以兵车，管仲之力也。如其仁，如其仁！”

子贡曰：“管仲非仁者与？桓公杀公子纠，不能死，又相之。”子曰：“管仲相桓公，霸诸侯，一匡天下，民到于今受其赐。微管仲，吾其被发左衽矣。岂若匹夫匹妇之为谅也，自经于沟渎而莫之知也。”

公叔文子之臣大夫僎（zhuàn），与文子同升诸公，子闻之曰：“可以为‘文’矣。”

子言卫灵公之无道也，康子曰：“夫

如是，奚而不丧？”孔子曰：“仲叔圉（yǔ）治宾客，祝鮀治宗庙，王孙贾治军旅。夫如是，奚其丧？”

子曰：“其言之不怍，则为之也难。”

陈成子弑简公。孔子沐浴而朝，告于哀公曰：“陈恒弑其君，请讨之。”公曰：“告夫三子。”孔子曰：“以吾从大夫之后，不敢不告也。”君曰：“告夫三子者。”之三子告，不可。孔子曰：“以吾从大夫之后，不敢不告也。”

子路问事君。子曰：“勿欺也，而犯之。”

子曰：“君子上达，小人下达。”

子曰：“古之学者为己，今之学者为人。”

蘧（qú）伯玉使人于孔子，孔子与之坐而问焉，曰：“夫子何为？”对曰：“夫子欲寡其过而未能也。”使者出，子曰：“使乎！使乎！”

子曰："不在其位，不谋其政。"曾子曰："君子思不出其位。"

子曰："君子耻其言而过其行。"

子曰："君子道者三，我无能焉：仁者不忧，知者不惑，勇者不惧。"子贡曰："夫子自道也。"

子贡方人，子曰："赐也贤乎哉？夫我则不暇。"

子曰："不患人之不己知，患其不能也。"

子曰："不逆诈，不亿不信，抑亦先觉者，是贤乎！"

微生亩谓孔子曰："丘何为是栖栖者与？无乃为佞乎？"孔子曰："非敢为佞也，疾固也。"

子曰："骥不称其力，称其德也。"

或曰："以德报怨，何如？"子曰："何以报德？以直报怨，以德报德。"

子曰："莫我知也夫！"子贡曰："何为其莫知子也？"子曰："不怨天，不尤人，下学而上达，知我者其天乎！"

公伯寮（liáo）愬子路于季孙。子服景伯以告，曰："夫子固有惑志于公伯寮，吾力犹能肆诸市朝。"子曰："道之将行也与，命也；道之将废也与，命也。公伯寮其如命何！"

子曰："贤者辟世，其次辟地，其次辟色，其次辟言。"子曰："作者七人矣。"

子路宿于石门，晨门曰："奚自？"子路曰："自孔氏。"曰："是知其不可而为之者与？"

子击磬于卫，有荷蒉而过孔氏之门者，曰："有心哉，击磬乎？"既而曰："鄙哉！硁（kēng）硁乎。莫己知也，斯己而已矣。深则厉，浅则揭。"子曰："果哉，末之难矣。"

子张曰："《书》云：'高宗谅阴，三年不言。'何谓也？"子曰："何必高宗，古之人皆然。君薨，百官总己以听于冢宰，三年。”

子曰：“上好礼，则民易使也。”

子路问君子。子曰：“修己以敬。”曰：“如斯而已乎？”曰：“修己以安人。”曰：“如斯而已乎？”曰：“修己以安百姓。修己以安百姓，尧舜其犹病诸？”

原壤夷俟，子曰：“幼而不孙弟，长而无述焉，老而不死，是为贼！”以杖叩其胫。

阙党童子将命，或问之曰：“益者与？”子曰：“吾见其居于位也，见其与先生并行也。非求益者也，欲速成者也。”

【卫灵公篇】

卫灵公问陈于孔子。孔子对曰：“俎豆之事，则尝闻之矣；军旅之事，未之学也。”明日遂行。

在陈绝粮，从者病，莫能兴。子路愠见曰："君子亦有穷乎？"子曰："君子固穷，小人穷斯滥矣。"

子曰："赐也，女以予为多学而识之者与？"对曰："然，非与？"曰："非也，予一以贯之。"

子曰："由，知德者鲜矣。"

子曰："无为而治者，其舜也与？夫何为哉？恭己正南面而已矣。"

子张问行。子曰："言忠信，行笃敬，虽蛮貊之邦行矣。言不忠信，行不笃敬，虽州里行乎哉？立，则见其参于前也；在舆，则见其倚于衡也，夫然后行。"子张书诸绅。

子曰："直哉史鱼！邦有道，如矢；邦无道，如矢。君子哉蘧伯玉！邦有道，则仕；邦无道，则可卷而怀之。"

子曰："可与言而不与之言，失人；不可与言而与之言，失言。知者不失人，亦不失言。"

子曰："志士仁人，无求生以害仁，有杀身以成仁。"

子贡问为仁。子曰："工欲善其事，必先利其器。居是邦也，事其大夫之贤者，友其士之仁者。"

颜渊问为邦。子曰："行夏之时，乘殷之辂，服周之冕，乐则《韶》《舞》。放郑声，远佞人。郑声淫，佞人殆。"

子曰："人无远虑，必有近忧。"

子曰："已矣乎！吾未见好德如好色者也。"

子曰："臧文仲其窃位者与？知柳下惠之贤而不与立也。"

子曰："躬自厚而薄则于人，则远怨矣。"

子曰："不曰'如之何、如之何'者，吾末如之何也已矣。"

子曰："群居终日，言不及义，好

行小慧，难矣哉！”

子曰：“君子义以为质，礼以行之，孙以出之，信以成之。君子哉！”

子曰：“君子病无能焉，不病人之不己知也。”

子曰：“君子疾没世而名不称焉。”

子曰：“君子求诸己，小人求诸人。”

子曰：“君子矜而不争，群而不党。”

子曰：“君子不以言举人，不以人废言。”

子贡问曰：“有一言而可以终身行之者乎？”子曰：“其恕乎！己所不欲，勿施于人。”

子曰：“吾之于人也，谁毁谁誉。如有所誉者，其有所试矣。斯民也，三代之所以直道而行也。”

子曰：“吾犹及史之阙文也，有马者借人乘之，今亡矣夫！”

子曰:“巧言乱德,小不忍则乱大谋。”

子曰：“众恶之，必察焉；众好之，必察焉。”

子曰：“人能弘道，非道弘人。”

子曰：“过而不改，是谓过矣。”

子曰：“吾尝终日不食，终夜不寝，以思，无益，不如学也。”

子曰：“君子谋道不谋食。耕者，馁在其中矣；学也，禄在其中矣。君子忧道不忧贫。”

子曰：“知及之，仁不能守之，虽得之，必失之。知及之，仁能守之，不庄以莅之,则民不敬。知及之,仁能守之,庄以莅之，动之不以礼，未善也。”

子曰：“君子不可小知而可大受也。小人不可大受，而可小知也。”

子曰：“民之于仁也，甚于水火。水火，吾见蹈而死者矣，未见蹈仁而死者也。"

子曰："当仁不让于师。"

子曰："君子贞而不谅。"

子曰："事君，敬其事而后其食。"

子曰："有教无类。"

子曰："道不同，不相为谋。"

子曰："辞，达而已矣。"

师冕见，及阶，子曰："阶也。"及席，子曰："席也。"皆坐，子告之曰："某在斯，某在斯。"师冕出，子张问曰："与师言之道与？"子曰："然，固相师之道也。"

［季氏篇］

季氏将伐颛臾，冉有、季路见于孔子曰："季氏将有事于颛臾。"孔子曰："求，无乃尔是过与？夫颛臾，昔者先王以为东蒙主，且在邦域之中矣，是社稷之臣也，何以伐为？”冉有曰：“夫子欲之，吾二臣者皆不欲也。”孔子曰：“求，周任有言曰：‘陈力就列，不能者止。’危而不持，颠而不扶，则将焉用彼相矣？且尔言过矣。虎兕（sì）出于柙（xiá），龟玉毁于椟中，是谁之过与？”冉有曰：“今夫颛臾，固而近于费，今不取，后世必为子孙忧。”孔子曰：“求！君子疾夫舍曰‘欲之’而必为之辞。丘也，闻有国有家者，不患寡而患不均，不患贫而患不安，盖均无贫，和无寡，安无倾。夫如是，故远人不服，则修文德以来之。既来之，则安之。今由与求也，相夫子，远人不服而不能来也，邦分崩离析而不能守也，而谋动干戈于邦内，吾恐季孙之忧，不在颛臾，而在萧墙之内也。”

孔子曰：“天下有道，则礼乐征伐自天子出；天下无道，则礼乐征伐自诸侯出。自诸侯出，盖十世希不失矣。自大夫出，五世希不失矣。陪臣执国命，三世希不失矣。天下有道，则政不在大夫。天下有道，则庶人不议。”

孔子曰：“禄之去公室五世矣，政逮于大夫四世矣，故夫三桓之子孙，微矣。”

孔子曰：“益者三友，损者三友。友直、友谅、友多闻，益矣；友便辟、友善柔、友便佞，损矣。”

孔子曰：“益者三乐，损者三乐。乐节礼乐，乐道人之善，乐多贤友，益矣；乐骄乐，乐佚游，乐宴乐，损矣。”

孔子曰：“侍于君子有三愆（qiān）：言未及之而言谓之躁，言及之而不言谓之隐，未见颜色而言谓之瞽。”

孔子曰：“君子有三戒：少之时，血气未定，戒之在色；及其壮也，血气方刚，戒之在斗；及其老也，血气既衰，戒之在得。”

孔子曰：“君子有三畏：畏天命，畏大人，畏圣人之言。小人不知天命而不畏也，狎大人，侮圣人之言。”

孔子曰："生而知之者，上也；学而知之者，次也；困而学之，又其次也；困而不学，民斯为下矣。"

孔子曰："君子有九思：视思明，听思聪，色思温，貌思恭，言思忠，事思敬，疑思问，忿思难，见得思义。"

孔子曰："见善如不及，见不善如探汤。吾见其人矣，吾闻其语矣。隐居以求其志，行义以达其道，吾闻其语矣，未见其人也。齐景公有马千驷，死之日，民无德而称焉。伯夷、叔齐饿于首阳之下，民到于今称之，其斯之谓与？"

陈亢（gāng）问于伯鱼曰："子亦有异闻乎？"对曰："未也。尝独立，鲤趋而过庭。曰：'学《诗》乎？'对曰：'未也。''不学《诗》，无以言。'鲤退而学《诗》。他日，又独立，鲤趋而过庭。曰：'学礼乎？'对曰：'未也。''不学礼，无以立。'鲤退而学礼。闻斯二者。"陈亢退而喜曰："问一得三：闻《诗》，闻礼，又闻君子之远其子也。"

邦君之妻，君称之曰“夫人”，夫人自称曰“小童”，邦人称之曰“君夫人”，称诸异邦曰“寡小君”，异邦人称之亦曰“君夫人”。

【阳货篇】

阳货欲见孔子，孔子不见，归孔子豚。孔子时其亡也，而往拜之。遇诸涂。谓孔子曰：“来！予与尔言。”曰：“怀其宝而迷其邦，可谓仁乎？”曰：“不可。”“好从事而亟失时，可谓知乎？”曰：“不可。”“日月逝矣，岁不我与。”孔子曰：“诺。吾将仕矣。”

子曰：“性相近也，习相远也。”

子曰：“唯上智与下愚不移。”

子之武城，闻弦歌之声。夫子莞尔而笑，曰：“割鸡焉用宰牛刀？”子游对曰：“昔者偃也闻诸夫子曰：‘君子学道则爱人，小人学道则易使也。’”子曰：“二三子！偃之言是也。前言戏之耳。”

公山弗扰以费畔，召，子欲往。子路不说，曰：“末之也已，何必公山氏之之也？”子曰：“夫召我者，而岂徒哉？如有用我者，吾其为东周乎？”

子张问仁于孔子，孔子曰：“能行五者于天下，为仁矣。”请问之。曰：“恭、宽、信、敏、惠。恭则不侮，宽则得众，信则人任焉，敏则有功，惠则足以使人。”

佛肸（xī）召，子欲往。子路曰：“昔者由也闻诸夫子曰：‘亲于其身为不善者，君子不入也。’佛肸以中牟畔，子之往也，如之何？”子曰：“然。有是言也：不曰坚乎，磨而不磷；不曰白乎，涅而不缁。吾其匏（páo）瓜也哉？焉能系而不食？”

子曰：“由也，汝闻六言六蔽矣乎？”对曰：“未也。”“居！吾语汝。好仁不好学，其蔽也愚；好知不好学，其蔽也荡；好信不好学，其蔽也贼；好直不好学，其蔽也绞；好勇不好学，其蔽也乱；好刚不好学，其蔽也狂。”

子曰：“小子，何莫学夫《诗》?《诗》，可以兴，可以观，可以群，可以怨。迩之事父，远之事君。多识于鸟兽草木之名。”

子谓伯鱼曰：“女为《周南》《召南》矣乎？人而不为《周南》《召南》，其犹正墙面而立也与！”

子曰：“礼云礼云，玉帛云乎哉？乐云乐云，钟鼓云乎哉？”

子曰：“色厉而内荏，譬诸小人，其犹穿窬之盗也与？”

子曰：“乡愿，德之贼也。”

子曰：“道听而途说，德之弃也。”

子曰：“鄙夫，可与事君也与哉？其未得之也，患得之；既得之，患失之。苟患失之，无所不至矣。”

子曰：“古者民有三疾，今也或是之亡也。古之狂也肆，今之狂也荡；古之矜也廉，今之矜也忿戾；古之愚也直，今之愚也诈而已矣。”

子曰：“巧言令色，鲜矣仁。”

子曰：“恶紫之夺朱也，恶郑声之乱雅乐也，恶利口之覆邦家者。”

子曰：“予欲无言。”子贡曰：“子如不言，则小子何述焉？”子曰：“天何言哉？四时行焉，百物生焉。天何言哉？”

孺悲欲见孔子，孔子辞以疾，将命者出户，取瑟而歌，使之闻之。

宰我问：“三年之丧，期已久矣。君子三年不为礼，礼必坏；三年不为乐，乐必崩。旧谷既没，新谷既升，钻燧(suì)改火，期可已矣。”子曰：“食夫稻，衣夫锦，于女安乎？”曰：“安。”“女安，则为之。夫君子之居丧，食旨不甘，闻乐不乐，居处不安，故不为也。今女安，则为之。”宰我出，子曰：“予之不仁也。子生三年，然后免于父母之怀。夫三年之丧，天下之通丧也。予也有三年之爱于其父母乎？”

子曰：“饱食终日，无所用心，难矣哉！不有博弈者乎？为之，犹贤乎已。”

子路曰：“君子尚勇乎？”子曰：“君子义以为上，君子有勇而无义为乱，小人有勇而无义为盗。”

子贡曰：“君子亦有恶乎？”子曰：“有恶。恶称人之恶者，恶居下流而讪上者，恶勇而无礼者，恶果敢而窒者。”曰：“赐也亦有恶乎。恶徼以为知者，恶不孙以为勇者，恶讦以为直者。”

子曰：“唯女子与小人为难养也，近之则不孙，远之则怨。”

子曰：“年四十而见恶焉，其终也已。”

【微子篇】

微子去之，箕子为之奴，比干谏而死。孔子曰：“殷有三仁焉。”

柳下惠为士师，三黜。人曰："子未可以去乎？"曰："直道而事人，焉往而不三黜？枉道而事人，何必去父母之邦？"

齐景公待孔子曰："若季氏，则吾不能，以季孟之间待之。"曰："吾老矣，不能用也。"孔子行。

齐人归女乐，季桓子受之，三日不朝，孔子行。

楚狂接舆歌而过孔子曰："凤兮凤兮！何德之衰？往者不可谏，来者犹可追。已而！已而！今之从政者殆而！"孔子下，欲与之言，趋而避之，不得与之言。

长沮、桀溺耦（ǒu）而耕，孔子过之，使子路问津焉。长沮曰："夫执舆者为谁？"子路曰："为孔丘。"曰："是鲁孔丘与？"曰："是也。"曰："是知津矣。"问于桀溺。桀溺曰："子为谁？"曰："为仲由。"曰："是鲁孔丘之徒与？"对曰："然。"曰：

“滔滔者天下皆是也，而谁以易之？且而与其从避人之士也，岂若从辟世之士哉？”耰（yōu）而不辍。子路行以告。夫子怃然曰：“鸟兽不可与同群，吾非斯人之徒与而谁与？天下有道，丘不与易也。”

子路从而后，遇丈人，以杖荷蓧（diào），子路问曰：“子见夫子乎？”丈人曰：“四体不勤，五谷不分，孰为夫子？”植其杖而芸。子路拱而立，止子路宿，杀鸡为黍而食之，见其二子焉。明日，子路行以告，子曰：“隐者也。”使子路反见之，至则行矣。子路曰：“不仕无义。长幼之节，不可废也。君臣之义，如之何其废之？欲洁其身，而乱大伦。君子之仕也，行其义也。道之不行，已知之矣。”

逸民：伯夷、叔齐、虞仲、夷逸、朱张、柳下惠、少连。子曰：“不降其志，不辱其身，伯夷、叔齐与！”谓：“柳下惠、少连，降志辱身矣，言中伦，行中虑，其斯而已矣。”谓：“虞仲、夷逸，隐居放言，身中清，废中权。我则异于是，无可无不可。”

大师挚适齐，亚饭干适楚，三饭缭适蔡，四饭缺适秦，鼓方叔入于河，播鼗武入于汉，少师阳、击磬襄，入于海。

周公谓鲁公曰：“君子不施其亲，不使大臣怨乎不以，故旧无大故，则不弃也；无求备于一人。”

周有八士：伯达、伯适、仲突、仲忽、叔夜、叔夏、季随、季娲。

【子张篇】

子张曰：“士见危致命，见得思义，祭思敬，丧思哀，其可已矣。”

子张曰：“执德不弘，信道不笃，焉能为有？焉能为亡？”

子夏之门人，问交于子张。子张曰：“子夏云何？”对曰：“子夏曰：‘可者与之，其不可者拒之。’”子张曰：“异乎吾所闻。君子尊贤而容众，嘉善而矜不能。我之大贤与，于人何所不容？我之不贤与，人将拒我，如之何其拒人也？”

子夏曰：“虽小道，必有可观者焉，致远恐泥，是以君子不为也。”

子夏曰：“日知其所亡，月无忘其所能，可谓好学也已矣。”

子夏曰：“博学而笃志，切问而近思，仁在其中矣。”

子夏曰：“百工居肆以成其事，君子学以致其道。”

子夏曰：“小人之过也必文。”

子夏曰：“君子有三变：望之俨然，即之也温，听其言也厉。”

子夏曰：“君子信而后劳其民，未信，则以为厉己也。信而后谏，未信，则以为谤己也。”

子夏曰："大德不逾闲，小德出入可也。"

子游曰："子夏之门人小子，当洒扫应对进退，则可矣。抑末也，本之则无，如之何？"子夏闻之，曰："噫！言游过矣！君子之道，孰先传焉？孰后倦焉？譬诸草木，区以别矣。君子之道，焉可诬也？有始有卒者，其惟圣人乎！"

子夏曰："仕而优则学，学而优则仕。"

子游曰："丧致乎哀而止。"

子游曰："吾友张也为难能也，然而未仁。"

曾子曰："堂堂乎张也，难与并为仁矣。"

曾子曰："吾闻诸夫子：人未有自致者也，必也亲丧乎？"

曾子曰："吾闻诸夫子：孟庄子之孝也，其他可能也；其不改父之臣与父之政，是难能也。"

孟氏使阳肤为士师，问与曾子。曾子曰：“上失其道，民散久矣。如得其情，则哀矜而勿喜！”

子贡曰：“纣之不善，不如是之甚也。是以君子恶居下流，天下之恶皆归焉。”

子贡曰：“君子之过也，如日月之食焉：过也，人皆见之；更也，人皆仰之。”

卫公孙朝问于子贡曰：“仲尼焉学？”子贡曰：“文武之道，未坠于地，在人。贤者识其大者，不贤者识其小者，莫不有文武之道焉。夫子焉不学？而亦何常师之有？”

叔孙武叔语大夫于朝曰：“子贡贤于仲尼。”子服景伯以告子贡。子贡曰：“譬之宫墙，赐之墙也及肩，窥见室家之好。夫子之墙数仞，不得其门而入，不见宗庙之美，百官之富。得其门者或寡矣。夫子之云，不亦宜乎！”

叔孙武叔毁仲尼。子贡曰：“无以

为也。仲尼不可毁也。他人之贤者，丘陵也，犹可逾也。仲尼，日月也，无得而逾焉。人虽欲自绝，其何伤于日月乎？多见其不知量也。”

陈子禽谓子贡曰：“子为恭也，仲尼岂贤与子乎？”子贡曰：“君子一言以为知，一言以为不知，言不可不慎也。夫子之不可及也，犹天之不可阶而升也。夫子之得邦家者，所谓立之斯立，道之斯行，绥之斯来，动之斯和。其生也荣，其死也哀。如之何其可及也？”

【尧曰篇】

尧曰：“咨！尔舜，天之历数在尔躬，允执其中。四海困穷，天禄永终。”舜亦以命禹。曰：“予小子履，敢用玄牡，敢昭告于皇皇后帝：有罪不敢赦，帝臣不蔽，简在帝心。朕躬有罪，无以万方；万方有罪，罪在朕躬。”周有大赉（lài），善人是富。“虽有周亲，不如仁人。百姓有过，在予一人。”谨权量，审法度，修废官，四方之政行焉；兴灭国，继绝世，举逸民，天下之民归心焉。所重：民、食、丧、祭。宽则得众，信则民任焉，敏则有功，公则说。”

子张问于孔子曰：“何如斯可以从政矣？”子曰：“尊五美，屏四恶，斯可以从政矣。”子张曰：“何谓五美？”子曰：“君子惠而不费，劳而不怨，欲而不贪，泰而不骄，威而不猛。”子张曰：“何谓惠而不费？”子曰：“因民之所利而利之，斯不亦惠而不费乎？择可劳而劳之，又谁怨？欲仁而得仁，又焉贪？君子无众寡，无小大、无敢慢，斯不亦泰而不骄乎？君子正其衣冠，尊其瞻视，俨然人望而畏之，斯不亦威而不猛乎？”子张曰：“何谓四恶？”子曰：“不教而杀谓之‘虐’，不戒视成谓之‘暴’，慢令致期谓之‘贼’，犹之与人也，出纳之吝谓之‘有司’。”

子曰：“不知命，无以为君子；不知礼，无以立也；不知言，无以知人也。”

泉舜新语

中国的文明被称为“学习的文明”，它主要是被儒家传承下来的，《论语》的开篇便是《学而》，突出了孔子重学，把学习当作人生的不懈追求和最大的快乐；《论语·宪问》中还提到：“古之学者为己，今之学者为人。”主张“为己之学”，认为学习的目的在于成就自己的道德人格。与“为己之学”相对的是“为人之学”，其目的是向别人炫耀自己的学问，而与自己的人格完善不相干。泉舜始终秉持“为己之学”的核心理念，从以下几例可见一斑：

泉舜书屋——藏书众多。

泉舜创始人——数十年如一日，晨读晨练。

泉舜人——坚持读书会分享活动已数年。

《泉舜之声》——至今已创刊二十余载，读书专栏总以加版形式出现。

读书不为宣传，只为提高自我修养和发自内心的喜欢。泉舜人用自己独有的方式践行经典智慧，不断提升自我，点燃企业和员工共存共生的道德之光！

道／德／经

《道德经》，春秋时期老子所著的哲学作品，又称《德道经》《道德真经》《老子》《五千言》《老子五千文》，是中国古代先秦诸子分家前的一部著作，是道家哲学思想的重要来源。因其文意深奥，包涵广博，被誉为万经之王。

《道德经》的思想核心是“道”和“德”，认为“道”是万物的本源，无论什么事都要遵循本源；“德”是做事的前提，做任何事都要德行天下。

【第一章】

道可道，非常道。名可名，非常名。无，名天地之始；有，名万物之母。故常无，欲以观其妙；常有，欲以观其徼（jiào）。此两者，同出而异名，同谓之玄。玄之又玄，众妙之门。

【第二章】

天下皆知美之为美，斯恶已；皆知善之为善，斯不善已。故有无相生，难易相成；长短相形，高下相倾；音声相和，前后相随，恒也。是以圣人处无为之事，行不言之教；万物作焉而不辞，生而不有；为而不恃，功成而弗居。夫唯弗居，是以不去。

【第三章】

不尚贤，使民不争。不贵难得之货，使民不为盗；不见可欲，使民心不乱。

是以圣人之治，虚其心，实其腹，弱其志，强其骨。常使民无知无欲，使夫智者不敢为也。为无为，则无不治。

【第四章】

道冲而用之，或不盈。渊兮，似万物之宗。挫其锐，解其纷，和其光，同其尘。湛兮，似或存。吾不知谁之子，象帝之先。

【第五章】

天地不仁，以万物为刍狗；圣人不仁，以百姓为刍狗。天地之间，其犹橐（tuó）龠（yuè）乎？虚而不屈，动而愈出。多言数穷，不如守中。

【第六章】

谷神不死，是谓玄牝（pìn）。玄

牝之门，是谓天地根。绵绵若存，用之不勤。

【第七章】

天长地久。天地所以能长且久者，以其不自生，故能长生。是以圣人后其身而身先，外其身而身存。非以其无私邪？故能成其私。

【第八章】

上善若水。水善利万物而不争，处众人之所恶，故几于道。居善地，心善渊，与善仁，言善信，政善治，事善能，动善时。夫唯不争，故无尤。

【第九章】

持而盈之，不如其已。揣而锐之，不可长保。金玉满堂，莫之能守。富贵而骄，自遗其咎。功成、名遂、身退，天之道也。

【第十章】

载营魄抱一，能无离乎？专气致柔，能如婴儿乎？涤除玄鉴，能无疵乎？爱民治国，能无为乎？天门开阖，能为雌乎？明白四达，能无知乎？生之畜之，生而不有，为而不恃，长而不宰，是谓玄德。

【第十一章】

三十辐，共一毂（gǔ），当其无，有车之用。埏（shān）埴（zhí）以为器，当其无，有器之用。凿户牖以为室，当其无，有室之用。故有之以为利，无之以为用。

【第十二章】

五色令人目盲，五音令人耳聋，五

味令人口爽；驰骋畋（tián）猎，令人心发狂；难得之货，令人行妨。是以圣人为腹不为目，故去彼取此。

【第十三章】

宠辱若惊，贵大患若身。何谓宠辱若惊？宠为上，辱为下。得之若惊，失之若惊，是谓宠辱若惊。何谓贵大患若身？吾所以有大患者，为吾有身；及吾无身，吾有何患？故贵以身为天下者，则可寄于天下；爱以身为天下者，乃可以托于天下。

【第十四章】

视之不见，名曰夷；听之不闻，名曰希；搏之不得，名曰微。此三者不可致诘，故混而为一。其上不皦（jiǎo），其下不昧，绳绳兮不可名，复归于无物。是谓无状之状，无物之象，是为惚恍。迎之不见其首，随之不见其后。执古之道，以御今之有。能知古始，是谓道纪。

【第十五章】

古之善为道者，微妙玄通，深不可识。夫唯不可识，故强为之容：与兮，若冬涉川；犹兮，若畏四邻；俨兮，其若客；涣兮，其若凌释；敦兮，其若朴；旷兮，其若谷；混兮，其若浊；澹（dàn）兮，其若海；飂（liù）兮，若无所止。孰能浊以静之，徐清？孰能安以动之，徐生？保此道者，不欲盈。夫唯不盈，故能蔽不新成。

【第十六章】

致虚极，守静笃。万物并作，吾以观其复。夫物芸芸，各复归其根。归根曰静，静曰复命。复命曰常，知常曰明。不知常，妄作凶。知常容，容乃公，公乃全，全乃天，天乃道，道乃久，没身不殆。

【第十七章】

太上，下知有之；其次，亲而誉之；其次，畏之；其次，侮之。信不足焉，有不信焉。悠兮，其贵言。功成事遂，百姓皆谓："我自然。"

【第十八章】

大道废，有仁义；智慧出，有大伪；六亲不和，有孝慈；国家昏乱，有忠臣。

【第十九章】

绝圣弃智，民利百倍；绝仁弃义，民复孝慈；绝巧弃利，盗贼无有。此三者以为文不足，故令有所属。见素抱朴，少私寡欲，绝学无忧。

【第二十章】

唯之与阿，相去几何？善之与恶，相去何若？人之所畏，不可不畏。荒兮，其未央哉。众人熙熙，如享太牢，如春登台。我独泊兮其未兆，如婴儿之未孩，儽儽兮若无所归。众人皆有余，而我独若遗。我愚人之心也哉，沌沌兮！俗人昭昭，我独昏昏；俗人察察，我独闷闷。澹兮，其若海；飂兮，若无所止。众人皆有以，而我独顽似鄙。我独异于人，而贵食母。

【第二十一章】

孔德之容，惟道是从。道之为物，惟恍惟惚。惚兮恍兮，其中有象；恍兮惚兮，其中有物。窈兮冥兮，其中有精；其精甚真，其中有信。自古及今，其名不去，以阅众甫。吾何以知众甫之状哉？以此。

【第二十二章】

曲则全，枉则直；洼则盈，敝则新；少则得，多则惑。是以圣人抱一为天下式。不自见，故明；不自是，故彰；不自伐，故有功；不自矜，故长。夫唯不争，故天下莫能与之争。古之所谓“曲则全”者，岂虚言哉？诚全而归之。

【第二十三章】

希言自然。故飘风不终朝，骤雨不终日。孰为此者？天地。天地尚不能久，而况人乎？故从事于道者，同于道；德者，同于德；失者，同于失。同于道者，道亦乐得之；同于德者，德亦乐得之；同于失者，失亦乐失之。信不足焉，有不信焉。

【第二十四章】

企者不立，跨者不行。自见者不明，

自是者不彰；自伐者无功，自矜者不长。其在道也，曰余食赘行。物或恶之，故有道者不处。

【第二十五章】

有物混成，先天地生。寂兮寥兮，独立而不改，周行而不殆，可以为天地母。吾不知其名，强字之曰“道”，强为之名曰“大”。大曰逝，逝曰远，远曰反。故道大，天大，地大，人亦大。域中有四大，而人居其一焉。人法地，地法天，天法道，道法自然。

【第二十六章】

重为轻根，静为躁君。是以君子终日行不离辎重。虽有荣观、燕处，超然。奈何万乘之主，而以身轻天下？轻则失臣，躁则失君。

【第二十七章】

善行,无辙迹;善言,无瑕谪;善计,不用筹策;善闭,无关楗而不可开;善结,无绳约而不可解。是以圣人常善救人,故无弃人;常善救物,故无弃物。是谓袭明。故善人者,不善人之师;不善人者,善人之资。不贵其师,不爱其资,虽智大迷,是谓要妙。

【第二十八章】

知其雄,守其雌,为天下溪。为天下溪,常德不离,复归于婴儿。知其白,守其黑,为天下式。为天下式,常德不忒,复归于无极。知其荣,守其辱,为天下谷。为天下谷,常德乃足,复归于朴。朴散则为器,圣人用之,则为官长,故大制不割。

【第二十九章】

将欲取天下而为之，吾见其不得已。天下神器，不可为也，不可执也。为者败之，执者失之。是以圣人无为，故无败；无执，故无失。夫物或行或随，或歔或吹；或强或羸（léi），或载或隳（huī）。是以圣人去甚，去奢，去泰。

【第三十章】

以道佐人主者，不以兵强天下。其事好还。师之所处，荆棘生焉。大军之后，必有凶年。善有果而已，不敢以取强。果而勿矜，果而勿伐，果而勿骄，果而不得已，果而勿强。物壮则老，是谓不道，不道早已。

【第三十一章】

夫佳兵者，不祥之器，物或恶之，

故有道者不处。君子居则贵左，用兵则贵右。兵者不祥之器，非君子之器，不得已而用之，恬淡为上。胜而不美，而美之者，是乐杀人。夫乐杀人者，则不可得志于天下矣。吉事尚左，凶事尚右。偏将军居左，上将军居右，言以丧礼处之。杀人之众，以悲哀泣之；战胜，以丧礼处之。

【第三十二章】

道常无名，朴。虽小，天下莫能臣。侯王若能守之，万物将自宾。天地相合，以降甘露，民莫之令而自均。始制有名。名亦既有，夫亦将知之。知之可以不殆。譬道之在天下，犹川谷之于江海。

【第三十三章】

知人者智，自知者明。胜人者有力，自胜者强。知足者富，强行者有志。不失其所者久，死而不亡者寿。

【第三十四章】

大道氾（fàn）兮，其可左右。万物恃之以生而不辞，功成而不名有。衣被万物而不为主，可名于小；万物归焉而不为主，可名为大。以其终不为大，故能成其大。

【第三十五章】

执大象，天下往。往而不害，安平泰。乐与饵，过客止。道之出口，淡乎其无味，视之不足见，听之不足闻，用之不可既。

【第三十六章】

将欲歙（xī）之，必固张之；将欲弱之，必固强之；将欲废之，必固兴之；将欲取之，必固与之，是谓微明。柔弱胜刚强。鱼不可脱于渊，国之利器不可以示人。

【第三十七章】

道常无为，而无不为。侯王若能守之，万物将自化。化而欲作，吾将镇之以无名之朴。镇之以无名之朴，夫将不欲。不欲以静，天下将自正。

【第三十八章】

上德不德，是以有德；下德不失德，是以无德。上德无为而无以为，下德无为而有以为。上仁为之而无以为，上义为之而有以为。上礼为之而莫之应，则攘臂而扔之。故失道而后德，失德而后仁，失仁而后义，失义而后礼。夫礼者，忠信之薄，而乱之首。前识者，道之华，而愚之始。是以大丈夫处其厚，不居其薄；处其实，不居其华。故去彼取此。

【第三十九章】

昔之得一者，天得一以清，地得一以宁，神得一以灵，谷得一以盈，万物得一以生，侯王得一以为天下正。其致之，天无以清，将恐裂；地无以宁，将恐废；神无以灵，将恐歇；谷无以盈，将恐竭；万物无以生，将恐灭；侯王无以贵高，将恐蹶。故贵以贱为本，高以下为基。是以侯王自称孤、寡、不谷。此非以贱为本邪？非乎！故致数车无车，不欲琭（lù）琭如玉，珞（luò）珞如石。

【第四十章】

反者道之动，弱者道之用。天下万物生于有，有生于无。

【第四十一章】

上士闻道，勤而行之；中士闻道，

若存若亡；下士闻道，大笑之。不笑，不足以为道。故建言有之：明道若昧，进道若退，夷道若颣（lèi）。上德若谷，广德若不足，建德若偷，质真若渝。大白若辱，大方无隅，大器晚成。大音希声，大象无形，道隐无名。夫唯道，善贷且成。

【第四十二章】

道生一，一生二，二生三，三生万物。万物负阴而抱阳，冲气以为和。人之所恶，唯孤、寡、不谷，而王公以为称。故物或损之而益，或益之而损。人之所教，我亦教之。强梁者不得其死，吾将以为教父。

【第四十三章】

天下之至柔，驰骋天下之至坚。无有入无间，吾是以知无为之有益。不言之教，无为之益，天下希及之。

【第四十四章】

名与身孰亲？身与货孰多？得与亡孰病？甚爱必大费，多藏必厚亡。故知足不辱，知止不殆，可以长久。

【第四十五章】

大成若缺，其用不弊。大盈若冲，其用不穷。大直若屈，大巧若拙，大辩若讷，大赢若绌。躁胜寒，静则热。清静，为天下正。

【第四十六章】

天下有道，却走马以粪。天下无道，戎马生于郊。罪莫大于可欲，祸莫大于不知足，咎莫大于欲得。故知足之足，常足矣。

【第四十七章】

不出户，知天下；不窥牖，见天道。其出弥远，其知弥少。是以圣人不行而知，不见而明，不为而成。

【第四十八章】

为学日益，为道日损。损之又损，以至于无为，无为而无不为。取天下常以无事，及其有事，不足以取天下。

【第四十九章】

圣人常无心，以百姓心为心。善者，吾善之；不善者，吾亦善之，德善。信者，吾信之；不信者，吾亦信之，德信。圣人在天下，歙（xī）歙焉，为天下浑其心，百姓皆注其耳目，圣人皆孩之。

【第五十章】

出生入死。生之徒，十有三；死之徒，十有三；人之生，动之于死地，亦十有三。夫何故？以其求生之厚。盖闻善摄生者，陆行不遇兕（sì）虎，入军不被甲兵。兕无所投其角，虎无所措其爪，兵无所容其刃。夫何故，以其无死地。

【第五十一章】

道生之，德畜之，物形之，势成之。是以万物莫不尊道而贵德。道之尊，德之贵，夫莫之命而常自然。故道生之，德畜之，长之育之，成之孰之，养之覆之。生而不有，为而不恃，长而不宰，是谓玄德。

【第五十二章】

天下有始，以为天下母。既知其母，

复知其子，复守其母，没身不殆。塞其兑，闭其门，终身不勤。开其兑，济其事，终身不救。见小曰明，守柔曰强。用其光，复归其明，无遗身殃，是谓袭常。

【第五十三章】

使我介然有知，行于大道，唯施是畏。大道甚夷，而民好径。朝甚除，田甚芜，仓甚虚；服文彩，带利剑，厌饮食，财货有余，是谓盗夸。非道也哉。

【第五十四章】

善建者不拔，善抱者不脱，子孙祭祀不辍。修之于身，其德乃真；修之于家，其德乃余；修之于乡，其德乃长；修之于邦，其德乃丰；修之于天下，其德乃普。故以身观身，以家观家；以乡观乡，以邦观邦；以天下观天下。吾何以知天下然哉？以此。

【第五十五章】

含德之厚，比于赤子。毒虫不螫（shì），猛兽不据，攫鸟不搏。骨弱筋柔而握固。未知牝牡之合而朘（zuī）作，精之至也。终日号而不嗄（shà），和之至也。知和曰“常”，知常曰“明”，益生曰“祥”，心使气曰“强”。物壮则老，谓之不道，不道早已。

【第五十六章】

知者不言，言者不知。挫其锐，解其纷，和其光，同其尘，是谓“玄同”。故不可得而亲，亦不可得而疏；不可得而利，亦不可得而害；不可得而贵，亦不可得而贱。故为天下贵。

【第五十七章】

以正治国，以奇用兵，以无事取天

下。吾何以知其然哉？以此：天下多忌讳，而民弥贫；民多利器，国家滋昏；人多伎巧，奇物滋起；法物滋彰，盗贼多有。故圣人云："我无为，而民自化；我好静，而民自正；我无事，而民自富；我无欲，而民自朴。"

【第五十八章】

其政闷闷，其民醇醇；其政察察，其民缺缺。祸兮福之所倚，福兮祸之所伏。孰知其极？其无正也。正复为奇，善复为妖。人之迷，其日固久。是以圣人方而不割，廉而不刿(guì)，直而不肆，光而不曜。

【第五十九章】

治人事天，莫若啬。夫唯啬，是谓早服；早服谓之重积德；重积德则无不克；无不克则莫知其极；莫知其极，则可以有国；有国之母，则可以长久。是谓：

深根固蒂、长生久视之道。

【第六十章】

治大国，若烹小鲜。

以道莅天下，其鬼不神；非其鬼不神，其神不伤人；非其神不伤人，圣人亦不伤人。夫两不相伤，故德交归焉。

【第六十一章】

大邦者下流，天下之交，天下之牝也。牝常以静胜牡，以静为下。故大邦以下小邦，则取小邦；小邦以下大邦，则取大邦。或下以取，或下而取。大邦不过欲兼畜人，小邦不过欲入事人。夫两者各得其所欲，大者宜为下。

【第六十二章】

道者，万物之奥。善人之宝，不善

人之所保。美言可以市尊，美行可以加人。人之不善，何弃之有？故立天子，置三公，虽有拱璧以先驷马，不如坐进此道。古之所以贵此道者，何不日求以得？有罪以免邪，故为天下贵。

【第六十三章】

为无为，事无事，味无味。大小多少。报怨以德图难于其易，为大于其细；天下难事，必作于易；天下大事，必作于细。是以圣人终不为大，故能成其大。夫轻诺轻必寡信，多易必多难。是以圣人犹难之，故终无难矣。

【第六十四章】

其安易持，其未兆易谋，其脆易泮，其微易散。为之于未有，治之于未乱。合抱之木，生于毫末；九层之台，起于累土；千里之行，始于足下。为者败之，执者失之。是以圣人无为，故无败；无执，故无失。民之从事，常于几成而败之。慎终如始，则无败事。是以圣人欲不欲，不贵难得之货；学不学，复众人之所过；以辅万物之自然，而不敢为。

【第六十五章】

古之善为道者，非以明民，将以愚之。民之难治，以其智多。故以智治国，国之贼；不以智治国，国之福。知此两者亦稽式。常知稽式，是谓“玄德”。“玄德”深矣，远矣，与物反矣，然后乃至大顺。

【第六十六章】

江海之所以能为百谷王者，以其善下之，故能为百谷王。是以圣人欲上民，必以言下之；欲先民，必以身后之。是以圣人处上而民不重，处前而民不害。是以天下乐推而不厌。以其不争，故天下莫能与之争。

【第六十七章】

天下皆谓我“道”大，似不肖。夫唯大，故似不肖。若肖，久矣。其细也夫。我有三宝，持而保之：一曰慈，二曰俭，三曰不敢为天下先。慈故能勇；俭故能广；不敢为天下先，故能成器长。今舍慈且勇，舍俭且广，舍后且先，死矣。夫慈以战则胜，以守则固。天将救之，以慈卫之。

【第六十八章】

善为士者，不武；善战者，不怒；善胜敌者，不与；善用人者，为下。是谓不争之德，是谓用人之力，是谓配天，古之极也。

【第六十九章】

用兵有言：“吾不敢为主，而为客；

不敢进寸，而退尺。”是谓行无行；攘无臂；扔无敌；执无兵。祸莫大于轻敌，轻敌几丧吾宝。故抗兵相若，哀者胜矣。

【第七十章】

吾言甚易知，甚易行。天下莫能知，莫能行。言有宗，事有君。夫唯无知，是以不我知。知我者希，则我者贵。是以圣人被褐怀玉。

【第七十一章】

知不知，尚矣；不知知，病也。夫唯病病，是以不病。圣人不病，以其病病。

【第七十二章】

民不畏威，则大威至矣。无狎其所居，无厌其所生。夫唯不厌，是以不厌。是以圣人自知不自见，自爱不自贵，故去彼取此。

【第七十三章】

勇于敢则杀，勇于不敢则活。此两者，或利或害。天之所恶，孰知其故？是以圣人犹难之。天之道，不争而善胜，不言而善应，不召而自来，繟（chǎn）然而善谋。天网恢恢，疏而不失。

【第七十四章】

民不畏死，奈何以死惧之？若使民常畏死，而为奇者，吾得执而杀之，孰敢？常有司杀者杀。夫代司杀者杀，是谓代大匠斫（zhuó）。夫代大匠斫者，希有不伤其手矣。

【第七十五章】

民之饥，以其上食税之多，是以饥。

民之难治，以其上有为，是以难治。民之轻死，以其求生之厚，是以轻死。夫唯无以生为者，是贤于贵生。

【第七十六章】

人之生也柔弱，其死也坚强。草木之生也柔脆，其死也枯槁。故坚强者死之徒，柔弱者生之徒。是以兵强则不胜，木强则共。强大处下，柔弱处上。

【第七十七章】

天之道，其犹张弓欤？高者抑之，下者举之；有余者损之，不足者益之。天之道，损有余而补不足；人之道，则不然，损不足以奉有余。孰能有余以奉天下，唯有道者。是以圣人为而不恃，功成而不处，其不欲见贤。

【第七十八章】

天下莫柔弱于水，而攻坚强者莫之能胜，以其无以易之。弱之胜强，柔之胜刚，天下莫不知，莫能行。是以圣人云："受国之垢，是谓社稷主；受国之不祥，是谓天下王。"正言若反。

【第七十九章】

和大怨，必有余怨；报怨以德，安可以为善？是以圣人执左契，而不责于人。有德司契，无德司彻。天道无亲，常与善人。

【第八十章】

小国寡民。使民有什伯之器而不用；使民重死而不远徙。虽有舟舆，无所乘之；虽有甲兵，无所陈之。使民复结绳而用之。甘美食，美其服，安其居，乐其俗。邻国相望，鸡犬之声相闻，民至老死不相往来。

【第八十一章】

信言不美，美言不信。善者不辩，辩者不善。知者不博，博者不知。圣人不积，既以为人，己愈有，既以与人，己愈多。天之道，利而不害；圣人之道，为而不争。

泉舜新语

谈到《道德经》，多数人会想到“道法自然，无为之治”。“无为”不等于不作为，而是拒绝一切违背自然、违背天理、违背法律等“有为”。一切顺应自然规律，而不以“有为”自私的信念参与其中，这就是“大道无为”。企业管理亦是如此，以凝心静观发现自然之律和市场之律，遵从道本，厚德载物。

上善若水，水善利万物而不争。泉舜文化吸取“水之七德”，躬耕不辍。泉舜LOGO形状取义“天圆地方”，寓意“天地相融，天人合一”；泉舜LOGO取海之颜色，由浅至深的渐进将泉水生长壮大的全过程生动地表达，同时寓意海纳百川、川流不息。泉舜LOGO呈螺旋上升之状，顺应自然，世事循环，节节攀升，寓意泉舜人拼搏向上、永恒开拓的精神。泉舜LOGO如毛笔字写成的逗号，笔触自然，有顺势而为的智慧以及敢为天下先的魄力，同时“逗号”寓意勇毅前行，永不止步。

泉舜文化由拼搏、责任、规范、关爱组成，拼搏：逆流而上、滴水穿石、迂回渐进；责任：川流不息、清澈可鉴、百纳千汇；规范：渊渟泽汇、推波助澜、气势磅礴；关爱：和谐贯通、孕育生命、潺潺共鸣。

诫子书

诸葛亮出于对儿子的疼爱和厚望，写下了一封著名的《诫子书》。文章只有短短八十六个字，却是字字珠玑，句句智慧。在文章的开篇，诸葛亮提出“夫君子之行，静以修身，俭以养德。非淡泊无以明志，非宁静无以致远”。这不仅仅是诸葛亮对儿子的嘱托，更是他一生的总结，也成为后人修身立志的行为准则和精神财富。

夫君子之行，静以修身，俭以养德。非淡泊无以明志，非宁静无以致远。夫学须静也，才须学也，非学无以广才，非志无以成学。淫慢则不能励精，险躁则不能治性。年与时驰，意与日去，遂成枯落，多不接世，悲守穷庐，将复何及！

泉舜新语

《诫子书》是世人修身养性的准则，泉舜将这些准则融入企业文化，润物无声，不仅注重内在修养，又不断向外拓展。泉，象征着生命、活力与源源不断的力量；舜，作为古代圣王，代表着德治、和谐与进取。这两者结合便形成了泉舜文化的精神象征。

泉心为你——“泉心”为泉舜之心、为泉文化之心、为泉舜人之心。泉心如泉水，晶莹剔透，清澈无暇，由此折射出泉舜海纳百川的感恩之心、坦诚之心。

合作共赢——泉舜礼仪也告诉泉舜人待人接物的行为准则，要求员工做事要注重细节，待人要亲切合礼，从餐桌到洽谈桌，从茶室到会议室，都已形成一套标准化流程，员工在认真工作的同时，就做到了修身养性。

与此同时，泉舜创建文化活动中心，泉舜书屋藏书万余册，供员工休闲时学习。身体和思想到达不了的远方，从书中领悟何尝不是一种方式？与智者同行，与善者为伴，与圣贤为友，与高人为伍，亦是修身养性。

少年中国说（节选）

《少年中国说》是清朝末年梁启超所作散文，文中歌颂少年的朝气蓬勃，具有强烈的进取精神，寄托了作者对少年中国的热爱和期望，讴歌了祖国未来的英姿及其光辉灿烂的前程，对肩负着建设少年中国重任的中国少年寄予无限希望，鼓励他们奋然而起，投入到改造中国的战斗中去。

故今日之责任，不在他人，而全在我少年。少年智则国智，少年富则国富，少年强则国强，少年独立则国独立，少年自由则国自由，少年进步则国进步，少年胜于欧洲，则国胜于欧洲，少年雄于地球，则国雄于地球。

红日初升，其道大光；河出伏流，一泻汪洋；潜龙腾渊，鳞爪飞扬；乳虎啸谷，百兽震惶；鹰隼试翼，风尘翕张；奇花初胎，矞矞皇皇；干将发硎（xíng），有作其芒；天戴其苍，地履其黄。纵有千古，横有八荒；前途似海，来日方长。

美哉，我少年中国，与天不老！壮哉，我中国少年，与国无疆！

泉舜新语

《少年中国说》中的“智”“富”“强”“独立”等关键词，为泉舜文化指引下的企业发展提供了方向。智慧，是企业创新的源泉；富裕，是企业发展的目标；强大，是企业实力的体现；独立，则是企业发展的底气。泉舜文化鼓励年轻人以学增智，勇于担当，独立思考，敢于创新，正如泉水那般勇往直前，为企业的繁荣注入源源不断的活力。

“泉水淙淙，翻山越岭，百折不挠，浩浩奔腾”是泉舜司歌《会拼敢赢》中的一句歌词，体现出的精神状态正呈少年之势。少年是希望，少年像太阳，一群泉舜人满怀激情，会拼敢赢，积极向上，为泉舜发展聚集了无限正能量。

少年走出八闽大地，扎根中原，创建泉舜品牌，成就中国驰名商标，是以少年之气势，成就今天之非凡。事业成功之后投资创办福建特殊教育职业学院和厦门东海职业技术学院，致力于做让社会尊重的企业，曾捐建仑苍中学、南安三中、杨家庄希望小学、南安市龙泉中学、南安市鹭云小学、南阳石佛寺实验小学等学校，强力支持中国之少年，力求成就少年中国，这正是积极履行企业之社会责任，牢记“责之重者”，心怀“国之大者”。